大江金岸

汉口历史风貌区图志

政协武汉市江岸区委员会
武汉文化旅游集团有限公司　主编

WUHAN UNIVERSITY PRESS

武汉大学出版社

图书在版编目(CIP)数据

大江金岸·汉口历史风貌区图志/政协武汉市江岸区委员会,武汉文化旅游集团有限公司主编.—武汉:武汉大学出版社,2024.12
ISBN 978-7-307-24332-3

Ⅰ.大…　Ⅱ.①政…　②武…　Ⅲ.城市建设—概况—汉口　Ⅳ.F299.276.34

中国国家版本馆 CIP 数据核字(2024)第 055720 号

责任编辑:詹　蜜　　　责任校对:李孟潇　　　整体设计:长江日报城区事业部

出版发行:**武汉大学出版社**　(430072　武昌　珞珈山)
　　　　(电子邮件:whu_publish@163.com　网址:www.stmpress.cn)
印刷:武汉精一佳印刷有限公司
开本:880×1230　1/16　印张:19.5　字数:499 千字　插页:1
版次:2024 年 12 月第 1 版　　2024 年 12 月第 1 次印刷
ISBN 978-7-307-24332-3　　　定价:168.00 元

大江金岸·汉口历史风貌区图志

编委会

名誉主任：姚 彬　余志成　陈 荃　王广立
　　　　　李 涛　潘 旭
主　　任：祁 琳
副 主 任：严松毅　万焕桥　董 冲
成　　员：王拥志　肖 峰　曾勇军　蔡正环
　　　　　王 浩　吴 军　祝丽芳　邝燕利
　　　　　周 鹏　邹鹏海　罗颂华　梅国胜
　　　　　王 飞　胡 磊　文鹏远　方 芳
　　　　　余 兵　王 炎　林 涛
顾　　问：李 栋　王汗吾　侯红志　胡晋鄂
　　　　　韩少斌　邓伟明

编辑部

主　　编：万焕桥
副 主 编：曾勇军　蔡正环　何文轩　田 进
　　　　　吴 昊
成　　员：龚建华　兰小杰　钱小芊　李 辰
　　　　　黄艺舟　陈 亮
责任编辑：李晓彤
美术编辑：魏 娜

序言

PREFACE

　　建安沔水口，东吴锁穴处；嘉靖襄河泽，正德汉口镇。

　　明末的汉口镇，成为全国性水陆交通枢纽和中国内河最大港口，与景德镇、佛山镇、朱仙镇并称"中国四大名镇"。自 1861 年汉口开埠以来，江岸有英、俄、法、德、日等国设立的领事馆及由此衍生的华商"模范区"，集聚近 30 家外资金融机构和 100 多家洋行。"武汉之兴始于汉口，汉口之兴始于江岸"，江岸是汉口开埠兴源之地，武汉近代化从这里开端；江岸是中俄万里茶道的重要集散地，中西方文化在这里交融。

　　江岸曾是中国革命的摇篮和发源地之一，京汉铁路大罢工在此爆发，中共中央机关曾迁于此，提出"枪杆子里面出政权"的八七会议在此召开。汉口被誉为大革命时期中国的"红都"。在江岸这片土地上，现有 62 处市级以上文物保护建筑，159 处优秀历史建筑沿街矗立，江岸被称为"没有围墙的博物馆"。江岸有许多具有异国风格的历史建筑和近代居民生活的"里分"，这些真实的历史建筑蕴藏着真实的历史信息，承载着城市百余年发生的重大历史事件，记录着城市百姓的寻常人生，构成了城市文化厚重久远的历史文脉。

　　中共江岸区委、江岸区政府一直高度重视优秀历史文化街区和历史建筑的保护与利用工作，特别是区第十二次党代会提出了打造"汉口之心、美好江岸"的奋斗目标，制定了《江岸区推进汉口历史文化中心建设实施方案》，决定实施"汉口历史文化空间品质提升、创意设计产业壮大、文旅产业提升和公共文化服务提质"四大行动计划。汉口历史风貌区获评 AAA 级景区，充满异域风情的历史建筑随处可见，一批百年历史建筑重新焕发生机活力，汉口历史文化风貌和独特滨江城区魅力充分彰显，形成了独具特色的"大汉口"江岸风情。

　　当历史的聚光灯照亮江岸时，江岸人不负时光、筚路蓝缕，用自己的豪情书写出了新的历史。江岸 81.21 平方千米的辖区面积，2022 年 GDP 突破 1500 亿元（1528.9 亿元）。目前，全区共有 81 栋商务楼宇，已诞生了 25 栋纳税超亿元楼宇，其中 3 栋纳税超 10 亿元。在汉口滨江国际商务区，将集聚 13 栋高度 200 米以上超高层商务楼宇，全武汉近三分之一的保险公司区域总部机构位于江岸，100 个金融服务业法人和区域总部机构落子江岸，一批重量级企业的全国总部入驻江岸。

　　老汉口寸土寸金，新江岸遍地有金。"531"产业体系撑起江岸发展的"脊梁"，金融保险、创意设计、商贸

物流、文化旅游、生态环保五大主导产业蓬勃发展；生命健康、数字经济、人工智能三大战略性新兴产业蓄势待发。汉口历史风貌区和长江左岸创意设计城的轮廓日渐清晰。长江勘测、中信设计等72家规模以上创意设计企业落子于江岸，全力打造武汉"设计之都"核心区。百年老建筑平和打包厂旧址华丽转身，成为多牛世界时尚创意产业园，集聚了一大批文创企业。2021年9月，"万亿级央企"中国长江三峡集团搬迁至武汉，落户江岸，以"三峡系"企业为龙头的生态环保产业集群强势崛起。江汉路步行街入选第一批国家级夜间文化和旅游消费集聚区，黎黄陂路历史文化街区、吉庆民俗街入选全省首批旅游休闲街区，江岸区迈出了打造长江左岸创意设计城的坚实步伐，正朝汉口历史文化核心区的目标踏步迈进。

本书以"大江金岸：汉口历史风貌区图志"为题，共收录各类历史建筑70余处，照片数百幅，概要记述了江岸历史建筑和与其相关的人文故事，反映出江岸打造历史风貌区的历程与成就，助推江岸老城更新"蝶变"、商业迭代逐高、历史人文深度融合发展。

砖瓦无声，历史有言；百年建筑，你我同寻。百年建筑虽静默无语，风云烟火却生生不息。江岸区已成功获得"全国综合竞争力百强主城区""全国营商环境百强区""国家级双创示范基地""教育部基础教育综合改革实验区""中部教育现代化试点试验区"等殊荣，还入选"全国最具投资潜力区域百强榜"，不愧为英雄大武汉的"首善之区"。

让历史发声，让历史留痕。汉口江岸老城历经160余载，历史底蕴深厚，希冀通过历史回顾与展现、人文史迹发掘、老城更新"蝶变"、红色文旅融合等，串珠成链，享誉大江南北，进一步增强对中国共产党和中国特色社会主义道路的政治认同、思想认同、情感认同，凝聚起全区人民打造"三中心一基地"、建设现代化强区、奋进新时代的强大合力。

滚滚长江连绵不绝，诉说着韵味悠长的历史。过去是江岸传奇，现在是江岸担当，未来必是江岸崛起。我们坚信，在习近平新时代中国特色社会主义思想和中国共产党第二十次全国代表大会精神的指引下，江岸区定能争当武汉高质量发展排头兵，全面开创社会主义现代化建设新局面，打造新时代英雄城市核心引领区，谱写出新时代的新辉煌、新篇章！

政协武汉市江岸区委员会　祁琳

江岸，步履坚定

大江如莽，挟百川雷雨，携万里风云，东赴沧海，赶赴星球水体大循环。

大江涛起，江岸见证。

人类社会，无史、有史，撕裂、对立，铁幕、战争，分分合合，走到今日全球化。

作为极富代表性的武汉江岸，登上时空讲坛，娓娓道来。

明末之汉口镇，即为中国水陆交通枢纽，内陆最大港口，与景德镇、佛山镇、朱仙镇，并称"四大名镇"。清末民初，四镇中余者渐显疲态，唯汉口仍称"大汉口"，与"大上海""大武汉"同享名号。此种现象，一时无双。

汉口九省通衢，不让三五都会，但从海权资本的性价比上说，上海更胜一筹。大汉口所以"驾乎津门，直追沪上"，又与另一加持相关：晚清重臣张之洞，中体西用，在三镇最早布局轻重兼备、较成体系的近代产业链。

长江之岸，城市骤变，主因自是西方文明的袭来。变幻的迟缓离不开这种"袭来"的深浅。自1861年汉口被迫开埠，数十年间，英、法、俄、德、日先后侵门踏户，在今江岸地界，辟租界、开领事馆，兴起近30家外资金融机构、100多家洋行。除去江海之运，又将古老的中俄"万里茶道"拉入工业化生产、全球化经销的模式。

其间，汉口民族资本亦存雄心，比照江岸租界城建，划地实施先进街区建设，取名"汉口模范区"，其虽后进，亦不凡。至20世纪30年代中期，以西式建筑为特色的大片模范区日见成型。奈何抗战兵兴，烽火连天，此项建设止步于既有风貌。

所谓西风东渐，实则沿着对立统一的两条轴线，荡涤影响古老中华。一者，带中华跌入半殖民地半封建社会；另一者，借着俄罗斯冬宫炮响，绕道入华夏——此风以人命名，泽被四方，其人马克思。

两个"西风东渐"，两种深刻影响，两条道路搏杀，在中国，在今江岸，如量子纠缠，似阴阳旋动，或雄奇，或悲壮，或令人扼腕，或催人奋争，大戏迭起，飞雪漫天。更不用说，"两线"催动，传统封建社会结构瓦碎，新的生产力、生产关系破土，古老帝国的思想、文化、社会风貌，余韵犹存，新曲迭出，于迷雾的繁杂中，屡显光鲜，直到1949年，历史深重地画上一个句号，翻开崭新的一页。

旧时光影斑驳，晨昏大江歌声。

20世纪90年代，武汉市委机关报曾报道，江岸做了一件"缘起"中国大城市的事情：建设第一批"街头博物馆"。

工程一发不可收，持续近 20 年，有历史建筑保护性修缮、工业遗产保护性修缮、历史街区更新改造以及汉口历史文化风貌区建设等。所涉国家级和省市级的保护单位 62 处，所涉不可移动文物 193 处，除博物馆、陈列馆棋落枰间，亦有大量街头博物馆标牌醒目，路人时时驻足。

旧址之取舍，皆尊重史实：既有中央八七会址，又有基督教荣光堂；既有二七大罢工旧地，又有军阀吴佩孚公馆；既有苏联空军烈士墓，又有日军之营房；既有诸如花旗一类外资银行的张扬，又有中华民族金融的砥砺。

丰富中有一点较突出：2021 年早春，江岸区曾出版一份《红色地图》串接辖区内 35 处红色足迹，其电子版定位、搜寻、介绍俱全，供市民和游人点击。江岸不忘初心。

凡此种种，不一而足，细读此书，助彼穿越。

时光荏苒，人类发展。

从 2019 年到 2022 年，江岸多次获誉"中国综合竞争力百强城区"，登上"中国营商环境百强"的榜单。

武汉，中国早期工业萌生地，抗日战争中，工商实力折损逾九成。新中国成立后，加入重铸工业产业国家队。改革开放，沿海先行十余年，武汉奋起追赶，渐渐回归昔日曾有、今日应有的聚光灯前。其中，江岸贡献，别具风采。

武汉，制造业强埠。江岸，相辅相成，以国际化为背景，以数字经济、人工智能为牵引，站在高处，主攻高端制造业，聚力 5 大板块：金融保险、创意设计、商贸物流、文化旅游、生态环保。

这一新构图，是否曾朦胧在前人旧梦中，是否依稀可见一个多世纪以来的历史逻辑线？

大江不舍昼夜，朝着既定方向。

江岸步履从容，朝着既定方向。

楼下有林，林中鸟鸣，小姑娘在树下荡秋千，观者为其做打油诗，"清早起来荡秋千，学着鸟儿飞上天，借问天公何所有，南门一开拜神仙"。

这神仙不是别的，而是大自然韵律，是人类社会进化之法则，是中国共产党人倡导的"人类命运共同体"。

过去，今天，将来，朝着这个方向，江岸步履坚定。

《长江日报》原编委　李栋

CONTENTS
目 录

13 历史转折的关头

14 风貌区的旧貌新颜

附表

后记

汉口历史风貌区空间结构示意图

第一章

故事之前的故事

汉口镇长成史略

作者：李晓彤，武汉历史文化研究者

鸟瞰长江两岸

汉口地方，历史不长，故事不少。

此处，在明代中期以前，还是汉江汇入长江的河网三角洲地区的一小块沙洲。明中期成化初年，约1470年前后，汉江大水，水流直通而下，裁弯取直，

汉江口河网三角洲消失，原本数量众多、变化不定的汉江入长江口，自此稳定下来。万历年间《湖广总志》之《水利志》对成化年间汉水由狂暴多变到终归劈开一条稳定的入江水道有生动的记述："成化初，忽于排沙口下、

郭师口上直通一道，约长十里，汉水径从此下，而古道遂淤。"

汉阳、汉口随之两分。

这一次距离入江口非常近的、短短的裁弯取直，使汉口附近的汉水河道加深，河面扩宽，有利于更多船只停泊。彼时，正值明代长江流域农业水平提升增长和国内商品经济的起飞期，汉口也在随后的岁月里，开始讲述一座商业名镇兴起的故事。

【前汉口时代的故事】

大家都应该听说过徐霞客和他的著作。在他之前，中国罕有这种以个人身份而非公务旅行来著作长篇游记的大家。比如，我们熟悉的陆游《入蜀记》，也是以公务赴任身份写下的游记作品。

这种情况，原因说来简单：在徐霞客之前的时代，中国大部分时期的大部分地域，商品经济极不发达，私人即使有钱也很难在沿途购买服务，当然走不远，走不久。

而到了明代中期，随着生产水平的提升，民间商品经济开始起飞。

地处水运要道的武昌、汉阳一带，汉口未兴之前，对商业良港的竞争已经高度激烈。

譬如刘公洲，本是宋代即已涌出的沙洲，明嘉靖前即成水运商市，"四方舟楫聚焉，郡人一渔一薪，朝夕为市。"刘公洲的商税收入高昂，都进了汉阳府的财政。时任武昌知府陈晦看着眼热，于是办了个在当时技术条件下非常大的工程，把金沙洲的侧面挖深，"成一深阔套口"，让金沙洲有了比刘公洲更安全的停泊条件。如此，汉阳商人纷纷"移舟套中"，商税也就转移到了武昌。这个故事结局有点悲惨：陈晦某

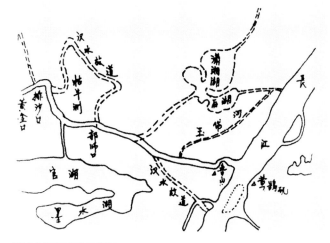

明成化汉江改道示意图

一次去汉阳，汉阳人"抛石如雨"，差点将他当场打死。

与之类似的还有刘家塥。此地原为汉阳与汉川之间的一块沿江荒地，宣德、正统年间因汉江水运发展，成为鄂中物产最富饶的地区，"连舶寮舰，百货云采"。汉阳府在此设税课局征商税，其收入是府衙主要财政来源之一。而封地在附近的岐王、寿王，加上汉阳府，为刘家塥的商税归属问题进行了长时间的扯皮（武汉方言，意为有矛盾）。刀幸当时中国王法煌煌，若放在同期的欧洲、日本，只怕要兵戎相见。

就在大家为武昌、汉阳的这些小沙洲争来吵去时，汉口开始崛起。

【天时地利，汉口崛起】

从港湾与水运条件来讲，新的汉水入江口两岸地方开阔，成为"占水道之便、擅舟楫之利"天然良港。就晚明时期江汉地区各集市最终发展规模来说，已无出汉口之右者。

汉口镇之前的刘家塥、鹦鹉洲（古鹦鹉洲，与今日

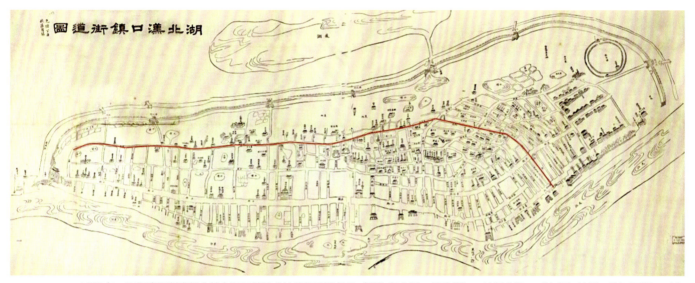

1635年，汉阳府通判袁焻主持在汉口镇最北边修筑后湖长堤（后称袁公堤、长堤街）。该堤从硚口（今汉江边硚口路）至堤口（今长江边民权路附近），保护以汉正街和黄陂街为主轴的汉口镇免遭经常性洪涝灾害

不同）、金沙洲的大集市均因各种原因日渐转衰，但同时遭到各类天灾人祸打击的汉口镇却总能迅速恢复并随之发展更盛，表明汉口因卓越的区位优势而带来商贸竞争力。例如，隆庆年间，汉口的商业税已是刘家隔市镇的3倍，人口规模也由最初的7000余人，在万历年间发展到数万户之盛。

从沟通全国市场来说，汉口东面长江，南临汉水，顺长江东去，可以通达皖赣吴越诸商业名区；往南，可经洞庭湖入沅水、湘水，通两广云贵；还可西上荆宜入三峡，通巴蜀以上溯金沙江；由汉水而西，经安陆、襄阳、郧阳，纵贯全鄂，抵达汉中；还可沿汉水的支流白河、丹江进入宛洛，以此又称"九省之会"。

汉口坐拥沟通各水系的绝佳运输网络，这是其具有强大的地区间经济整合的地理基础。借此，汉口成为连接长江中游区域市场体系的中心辐射点，在之后的岁月里，汉口一直得以在全国市场中扮演商品集散

中心地的角色。万历元年，朝廷下令将湖广诸产粮区漕粮由城陵矶改到汉口交兑。虽然漕粮运输和交兑事务并非商业活动，但是对汉口水上运输业的促进和激励不可小觑。同样在万历朝，汉口成为"楚商行盐"总口岸，及至清前期，汉口镇盐务已"足甲于天下"，"十五省中，亦未有可与匹者"。

清代，刘献廷在《广阳杂记》中称："汉口不特为楚省咽喉，而云贵、四川、湖南、广西、陕西、河南、江西之货，皆于此焉转输，虽欲不雄于天下不可得也。天下有四聚，北则京师，南则佛山，东则苏州，西则汉口。然东海之滨，苏州而外，更有芜湖、扬州、江宁、杭州以分其势，西则唯汉口耳。"

除了绝佳的地理位置，汉口崛起，还有"天时"的因素。

明代中后期，特别是明后期，是全国市场形成的重要时期。这是汉口得以充分发挥贸易区位优势快速勃兴

的重要原因。汉口开始崛起的时间，刚好与前现代中国全国市场形成的起始时间相契合。

【商帮在汉口留下印记】

在民间研究者中，有一种说法称，"汉口"一词的正式出现，源自陕西商人的称呼。他们从汉中出发，沿汉水而下，在汉口入长江，或者上岸交易，或者去往江南。这个汉江入水口，被他们称为"汉口"。

无论这一说法是否属实，其中有一点确切无疑：各地商帮的涌入，对塑造汉口这个大市场的民俗文化，起到了非常重要的作用。

历史上，陕西商人在汉口留下的印记并不算深。前开埠时代的汉口，真正具有巨大的影响力的，得算是徽州商人、山西商人、湖南商人、宁绍商人。

徽商，又称新安商，一般指安徽的歙县、黟县、休宁、婺源、祁门、绩溪等六县商人形成的经商群体。早在明代弘治、嘉靖年间，就有休宁商人查道大"常客吴楚间"，万历年间，有"新安商人自楚贩米至吴"。

起初他们来汉口是单打独闯，不成气候，连自己的水运码头都没有混到手，常受他人的欺负。在清康熙七年（1668 年），安徽六县商人如石榴籽抱成一团，在汉口初建"新安公所"。新安是徽州的古名，素有"儒风独茂"之称。1685 年改建为"新安会馆"。随后准备扩大会馆的规模，同当地的汉口人发生了纠纷，官司打了 6 年，徽商不惜血本，甚至将会馆祭祀费用耗尽，结果还是惨败而归。

雍正十二年（1734 年），徽商又积聚力量，卷土重来，这一次不同上一次，得亏于徽商子弟许登瀛的周旋，他为朝做官，时任衡、永、郴、桂四郡观察使，有了他的出面，甫任的湖北巡抚杨某责令武昌守道朱

某查案办案，结果通过"溯本穷源，踞占之屋既归于祠，而侵渔只租亦偿于公，赵璧复还"。徽商的官司终于打赢了。所以当时在汉口有一句流行很广的口头禅，叫做："哪怕你湖北人刁，徽州人要买断汉口的腰"。

这许登瀛还带头捐出一万五千金，买下新安会馆附近店房数十栋，扩大了出入路径，并石镌"新安街"匾额，开辟出新安码头。从此，徽商在汉口挺直了腰，理顺了气，昂起头来做生意。新安会馆门前经常是车水马龙，人来人往。

晋商，又称山右商，它的兴起与明朝政府实行开中法和商屯制度有密切关系。晋商"贩绸缎于苏杭；贩杂糖于汉口；贩葛布于四川；贩棉布于直隶"，转而又将这些货物售于新疆、内蒙古等处，出现不少著名的大商人和大商号。

随着汉口的发展，晋商也纷纷来汉口经商。据《汉口山陕会馆志》记载，晋商驻汉口的就有：太原帮、汾州帮、陆陈帮、红茶帮、西烟帮、闻喜帮、雅帮（土烟帮）、花布帮、西药帮、土果帮、西油帮、陆陈帮、头帮、皮纸帮、汇票帮等共 23 帮，与当时称雄汉口的徽商不相上下。

为了弘扬商业精神，顺治年间晋商在汉口修建了西关帝庙，供奉关羽画像。康熙二十二年（1683 年）又在关帝庙基础上建山陕会馆，由山西陕西两省旅汉商人共

建一个会馆，这在汉口也是唯一一例。这座会馆是汉口规模最大的会馆，山西平遥人翼麟在《汉口西会馆总图记》中写道：汉口"国朝以来，繁盛称最，庙宇随在竞胜，金碧照耀，唯西会馆规模正大，雅冠众构"。

山陕商人不惜重资构建如此庞大的会馆，体现了他们雄厚的经济实力和强大的凝聚力。

虽隔着洞庭湖，湖南湖北文化上是一家人。湖南人只要沿湘江下洞庭湖，就到了武昌汉阳汉口。历史上常把两省称为"湖广"。俗语说"湖广熟，天下足"，既可见两省在全国的地位，又体现两省关系较为亲密。

汉口历来是全国的重要市场，号称"九省通衢"。对湖南商人来说，立足汉口，是走向全国的关键一步。《民国夏口县志·商务志》记载："湖南帮占水运之优势，行船营业独多。其输入品以茶、米为最多，约占贸易全额十分之八，其次为杂粮、黄豆、铝矿、锑矿、铁灰、桐油、漆油、苎麻、夏布、药材、石膏、雨伞、纸漆等，输入品以洋货、洋布、棉纱、煤油及杂货、砂糖为大宗，年贸易额约 2600 万至 3000 万两。"因此，从乾隆时期以来，大批湘商聚集汉口，在汉口先后创办了众多的湖南会馆。

汉口长郡会馆（即长沙会馆），也称长沙郡馆、长郡公所，是长沙府属十二州县商人出资创办的会馆。会馆位于汉口长沙后巷，即今民权路西侧大董家巷东，大约建于嘉庆末年或道光初年。除了会馆之外，湖南人在汉口留下的最重要的印记，得属"宝庆码头"。关于此处"打码头"的传奇故事，江湖上耳熟能详，在此不赘述。

在老汉口，以宁波商人为主体的"浙帮"是一支重要的力量，他们活跃在汉口的众多商业领域中。尤其是海产品行栈、银楼金号、绸缎庄、匹头号、杂

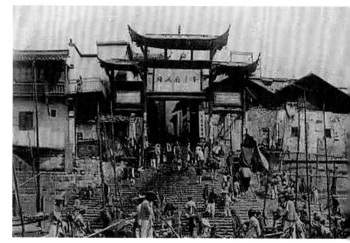

宝庆码头

山陕会馆

粮行、洋油行、银行、江海货运等行业，更是他们纵横驰骋的舞台。宁波商人往往与绍兴商人结为一体，故又称为宁绍商帮。他们头脑灵活、机巧灵便、长袖善舞，到了开埠之后，更是因为和上海的紧密联系，大大强化

了自己在汉口商业界的地位，对汉口市民的人文习俗，产生了极深远的影响。不过，这都是后话了。

【汉口，独一无二】

马克思在分析商业对前资本主义各国的分解作用时，曾慨叹印度和中国封建生产方式内部的坚固性与结构对这种分解作用所起的障碍，"在世界资本主义各国形成世界市场时，中国仍顽固执行闭关自守政策，孤悬于世界之外。中国内部的商业资本由于封建生产方式内部结构和坚固性的制约，产生了极力维护封建制度的特点"。

但是，"商业资本的存在及一定程度的发展，本来是资本主义生产方式发展的历史前提。商业资本和高利贷资本在历史上总是先于工业资本的形成，并且在逻辑上是工业资本形成的必然条件"。

开埠前的汉口，在商业领域内确实完成了这种积累。汉口商业资本的独立发展表现突出，很难觉察到它与手工业生产的直接结合。实际上汉口的街巷以经营手工业得名的甚多：棉花街、白布街、花布街、打扣巷与纺织业有关，靛行街与染织业有关，砖瓦巷、板子巷、芦席街与建筑业有关，打铜街、剪子街与五金业有关。商业资本直接经营纺织业表现极其明显。

列宁说过，"没有工商业人口的增加、农业人口的减少，资本主义是不能设想的"。汉口人口的激增，表示了农业人口向工商业人口转移。这是进步现象。"它把居民从偏僻的、落后的、被历史遗忘的穷乡僻壤拉出来，卷入现代社会生活的旋涡中。"汉口居民的阶级分化剧烈，并无桑梓间的共同利益。富商大贾、新养成的官僚是极少数，真正的大多数是"力趁糊口"的搬运工，可说是"从中世纪的农奴中产生了初期城市的城关居民"，这是汉口近代无产阶级的前身。

由于人口激增，必然要求更多的生活资料、家庭日用品。消费市场扩大了，刺激了更多农产品、家庭手工业品商品化，促进了郊区自然经济的解体。汉口近郊黄花地和汉阳近郊月溯提外，出现了服务于城市的园艺业，"居人垦种瓜菜，入市买鲜"，改进栽培技术，以获得高额利润。至今汉阳月湖旁还有东西菜园街，就是当年的历史痕迹。在依江傍湖处，居民捞卖鱼鲜，使汉口得以"银鳞日充市"。远郊的变化也不小。汉阳城西索河小民"夜成匹，朝则抱布以售"，有专人收购转贩汉口。远郊近郊都卷入汉口城市商品经济的洪流，自然经济逐渐在此解体了。汉口以新兴工商业市镇的面貌出现了。

总体而言，汉口是中国封建社会晚期商品流通扩大、国内市场形成的时代产物，它是以商业中心、商品交换中心的面貌出现的新市镇。它绝不同于作为各级政治中心而存在的中国古老型城市。汉口涉及的商业规模是全国性的，因而它不同于武汉地区曾经存在过的任何市镇，它不是政治中心的附庸，而是预示中国未来社会面貌的先驱。

或许，正是因为这一独特性，才让汉口这个远离海岸线的城市，受到了海上西方列强的格外青睐。他们在汉口看到了在当时的中国难得一见的经济禀赋，以及未来成长的巨大可能性。

之后，汉口开埠，东西方在此融合，又创造了无数动人心魄的传说。

不过，那就是另一个故事了。

第二章

通往世界的大门

江汉关的故事

◐ 作者：彭翔华，武汉城市历史文化专家，湖北省非遗"汉味童谣"传承人

早年间，人们坐着江轮来汉，不管是顺流而下还是溯水而上，数里之外就可以看到江汉关傲然挺立、雄姿英发的身影。这时，疲惫的旅人会收拾困倦，扬起笑颜，绽出内心喜悦："看见江汉关了，汉口到了！"

童谣是孩子们的文化乳汁，江汉关大楼也曾走进坊间传唱："从左走，向右弯，仰头看见江汉关。江汉关，高又高，半截杵到天中腰。"

杵，武汉话读如qǔ，此处为动词，即用长形物件戳、插。尾句以夸张口吻，极言江汉关大楼之高，高得半截都在云里头了。

1924 年 1 月 21 日，江汉关大楼正式落成，并于当日举行了盛大的剪彩仪式和宴会庆典。一楼雄峙，万众瞩目，谁又会想到，作为城市形象的江汉关，在

1908 年，汉口江滩繁忙的货运场景

此之前，曾经"蜗居"了六十余年。

【江汉关的兴起】

所谓的关，指货物出口和入口收税的地方。历朝历代，关税都是中央和地方重要的财政来源。

武汉三镇设关，武昌、汉阳较早，汉口则是后来居上。清初建有四关，武昌、汉阳各一，汉口有二，分别在长江、汉江旁。人们以"江汉朝宗"四字分别命名这四关，即"江关、汉关、朝关、宗关"，四关之命名，典雅隽永，诗意盎然，且具有浓郁地方特色。如今，"宗关"之名仍存，位于硚口区。

童谣是孩子们的文化乳汁，江汉关大楼也曾走进坊间传唱：

从左走，向右弯，仰头看见江汉关。
江汉关，高又高，半截杵到天中腰。

1861 年，汉口开埠，其后沿长江水路的内外贸易呈几何级数增长。由于没有关署，汉口的进出口税只能在上海缴纳，这便严重地影响了对外通商活动、税务管理以及地方税收等。

当时的湖广总督是官文。此人在位时无甚作为，比之后来的张之洞差远了，但在设关这件事上，他还是蛮上心的，曾经一而再、再而三地上奏朝廷，要求尽快在汉口设关征税。1861 年 11 月 11 日，朝廷终于下达了议准汉口设关的批文："……至汉口地方该督奏称必须设关，自应准其建立，查验进出各货。"

1862 年 1 月 1 日，汉口海关正式成立，全称"汉黄德道兼监督税务江汉关署"，简称江汉关，它是与上海江海关、广州粤海关、天津津海关齐名的近代中国四大海关之一。

"江汉关税务司署"最初办公地点在汉口河街，即民生路原武汉港 10—11 仓库以及附近海关鸦片仓库等，原房主为旗昌洋行。"江汉关监督署"则设于汉口青龙巷，即大兴路人民中学一带，后迁至一元路，即原武汉档案馆处。

江汉关建立以后，内陆关卡一并撤销，江汉关除具有监管、税收、统计、查私等方面职能外，陆续还添加了港务、航道、检疫、气象、邮政等职能。

【开埠设关启动近代化进程】

汉口在明清时期，已有"四大名镇之首、天下四聚"之美誉，但其真正的近代化进程却是从开埠设关起步的。西方先进管理方式和管理手段的引进，极大地促进了汉口对外贸易的发展，使之成为"集中土货，运沪出口，收纳

江汉关新大楼建成之前的 1908 年，江汉关从汉口花楼街外江滨迁至英租界工部局办公

洋货，散销内地"的黄金枢纽。

据有关资料，1865—1895 年，汉口港进出口贸易总额位列全国第二，仅次于上海；1895—1914 年，汉口直接对外贸易额常居全国第三、四位，间接对外贸易额常居全国第二位；1924—1926 年，汉口直接对外贸易额达到开埠以来的最高纪录，均为 8000 万海关两左右；1928 年，江汉关进出口贸易总额达到抗战前的最高纪录 4.43 亿海关两。

外贸业高速增长推动了汉口的强势崛起和名扬天下，20 世纪初，在汉口的外商工厂达 40 余家，涉及制茶、打包业等门类。1895—1931 年，进出汉口港的国际货轮每年均在 2300 ～ 2400 艘，年进口总吨位最高时超过 800 万吨。抗战前夕，共有中外 400 多艘轮船在武汉经营国内外 68 条航线，真可谓"通江达海、连欧接美"。

然而令人大跌眼镜的是，在相当长的时间里，汉口虽设有海关，但没有一座像样的海关大楼。堂堂的江汉关，不但地域狭窄，房屋简陋，梁架陈旧，而且交通闭塞，往来不便，还有分署办公带来的各种麻烦等。外国领事馆、海关人员以及洋商洋侨们，对此都极不满。此等工作环境和条件无疑不利办事，有碍发展，但问题却一拖再拖，未能得到及时解决。

【大楼建设一波三折】

1899 年，江汉关税务司穆和德向总税务司建议并取得英政府的同意，将江汉关大楼选址在英租界东南角（今江汉路口），即原工部局巡捕房所在地。选址该处非常明智，有眼力。华洋交界，华界这边，是黄陂街、前后花楼街等繁华地带；租界这边，是各国大银行、大公司，大仓储所在地，交往、办事都很方便。关址建在租界内或接近租界区，英驻汉代总领事罗善乐认为这有利于对税务司的监督，便同意转让工部局巡捕房。

谁知第二年（1900 年），爆发了义和团运动，八国联军进入北京，慈禧太后带着光绪仓皇西逃，皇帝不坐龙廷，下面自难安定。局面虽最后稳定了，但那盖楼的事情也就此耽误了，而且一误又是好多年。

1907 年 6 月 28 日，本埠报载新闻："本镇江汉关设立以来已四十余年，所有房屋木料多半腐坏，久欲改造因欠项支绌不果。兹忽于昨大公事房倒塌一处，幸在白昼尚未能伤人，然亦险矣。"进出江汉关的所有人不论华洋都时时担心头上的危房会突然倒塌，眼看建楼不是一下子的事，实在无法，只好先借后建。

就在那次塌房事件半年之后，1908 年 1 月 19 日，江汉关税务司署搬至英租界工部局巡捕房。大楼修建再次成为焦点，好不容易达成正式协议，各方都同意积极参与。但事实上，完成拆迁难上加难，甚至成了旷日之战。各家房产地皮情况，沿江从上往下："招商局轮渡公司、江汉关原办公处、招商局轮船公司、英商太古轮船公司、招商局轮船公司、太古仓栈、海关财产（英工部局）"，七处房产，犬牙交错，想划出一块整地来做大楼，必须置换。这又牵出地基、码头、差价一系列问题，虽经反复谈判磋商，仍无法统一意见，只好又搁置起来。

几经周折，直到 1920 年，江汉关、招商局、太古洋行三方才正式达成协议，最后敲定江汉关大楼用地问题，而此时，距江汉关设关的 1862 年已经有 58 年了，距最初选址的 1899 年，已经有 21 年了，距税务司署搬至工部局巡捕房的 1908 年，也有 12 年了。用中国人的老话来形容：媳妇都熬成婆婆了。

1921 年 1 月 29 日，江汉关暂迁到英商汇丰银行大楼办公，同年 7 月 22 日，开始拆除英工部局巡捕房旧楼。

【建成即为地标】

沧海桑田，就在人们扯皮拉筋中，外面江滩却悄然发生变化。沿江边狭窄的河街外逐渐淤积成了一片沙滩地，这就为兴建大楼、扩展用地、修建沿江大马路创造了有利

江汉关旧影

条件。

1922年5月，填土开始，来自后湖的土方源源不断运来，填土公司显现了巨大威力：基地填好后，将百余根计长二三十米的木桩打到岩层，然后用混凝土及数吨重大麻石填充奠基，这项填土工程，大约在1922年底完成。在今之江汉关大楼旁的沿江大道，可以清楚地看出一个呈优雅弧形的"鼓包"地带。

1922年11月4日，江汉关大楼奠基典礼隆重举行，工地前搭有观礼台，旗帜彩带，五彩缤纷，洋鼓洋号，震耳欲聋。典礼大会由时任总税务司的安格联主持，各国领事团体、各银行、各商行、市政局、各厂家的头脑们自不必说，就连湖北督军萧耀南、美国军政部长海军上将菲利普等也都来了。

江汉关大楼的建成是汉口历史的一个标志性事件，它表明了汉口社会发展的重点已然完成了"由河到江"

的转变，即汉水内河码头的传统经济向长江外贸码头的现代经济的转移，实现了开埠、开放的持续进行，并呈现出良好态势。同时，随着地方经济和城市建设的逐步发展，汉口的城市中心，也逐渐地由传统的汉正街、花楼街向六渡桥、江汉路（歆生路）等处扩展，江岸一带的租界地区则为整个城市建设的现代模式打开了向世界学习、借鉴的窗口。

江汉关大楼高峻威武，地理位置极佳，至今仍然是武汉地标性建筑。对于久居他乡的游子来说，江汉关大楼更是一道乡愁。20世纪70年代，有首武汉知青歌曲唱到了它："长虹般大桥，牵手龟蛇跨过了长江，雄伟的武汉关（江汉关当时的名称），屹立在那汉口的江畔……"回头望去，印证了一个时代的江汉关大楼，彰显了武汉从传统迈向现代、从内陆走向世界的艰难而又执着的发展历程，极具历史价值和人文意义。

外国领事馆建筑

英国领事馆旧影

英国领事馆官邸旧址

地址：今天津路 10 号，原英租界宝顺街

结构：砖木

规模：地上 2 层，建筑面积 546 平方米

建筑时间：19 世纪

保护等级：武汉市优秀历史建筑

现房屋所有权人：武汉城投房产集团有限公司

1864 年建成的第一幢英国领事馆馆舍

1883 年建成的英国领事馆馆舍

1887 年，英国人在英国领事馆门前广场上留影

1911 年建成的带牢房警察局

　　1861 年 4 月，英国在汉口英租界界限街路口以南设领事馆。1899 年升为总领事馆，管理湖北、湖南、江西、河南、陕西、甘肃、宁夏、青海等省领事馆。1941 年 12 月太平洋战争爆发后总领事馆关闭。抗战胜利后，于 1945 年 12 月复馆。1951 年 4 月 30 日关闭。

　　英国领事馆于 1864 年由英商马歇尔建筑设计公司（Marshall）建成首栋楼房，由于地势低，常遭长江洪水袭扰，后垫高地面，于 1883 年由原建筑商在原地重建新楼，1911 年建成一栋带牢房小警察局。1903 年增建辅助用房，1921 年再建副领事官邸（目前唯一留存楼房）。20 世纪 50 年代起，英国领事馆官邸旧址为武汉市政府参事室办公楼。

　　英国领事馆官邸旧址，共有楼房四栋，具东南亚建筑特征。

汉口法国领事馆旧址

地址：今洞庭街 81 号，原法租界吕钦使街

结构：砖木

建筑时间：1895 年

规模：地上 2 层，建筑面积 1390.73 平方米

保护等级：武汉市优秀历史建筑

现房屋所有权人：武汉城投房产集团有限公司

1865 年建造的法国领事馆馆舍

1895 年再建的法国领事馆大楼

　　1862 年，法国在汉口设立领事馆。1865 年建馆舍，1891 年被大水冲毁，1895 年再建馆舍（今洞庭街 81 号）。1938 年 10 月武汉沦陷后，日军未入法租界，1939 年 5 月，法国领事馆内设日本科，加强与日军联系。1943 年 2 月 23 日，法国维希政府宣布放弃在华租界，

　　汉口租界交给汉口日伪政权。1945 年抗战胜利后，汉口法租界被中国政府正式接收。1950 年 12 月，法国领事馆关闭。

　　法国领事馆旧址大楼红瓦屋面，木质百叶窗，条形屋檐，麻石墙面。立面为弧券外廊，入口设 5 级台阶，一层办公，二层为住宅。室内设壁炉，屋顶筑烟囱，属古典主义建筑风格。

汉口德国领事馆旧址

地址：今沿江大道 188 号，原德租界海因里希亲王大街

结构：砖木

规模：地上 2 层，建筑面积共 1623.11 平方米

设计单位 / 人：德国建筑设计师韩贝礼

施工单位 / 人：费希纳卡普勒公司

建筑时间：1895 年

保护等级：全国重点文物保护单位（汉口近代建筑群）

现房屋所有权人：武汉城投房产集团有限公司

1883 年起，德国在汉口领事业务由英国领事代理。1888 年，汉口德国领事馆开馆，设德租界内（今沿江大道188 号）。

1917 年中国与德国断交，收回德租界，德领馆关闭。1925 年复馆，1945 年抗战胜利后再次闭馆，馆舍后来成为国民政府汉口市政府所在地。1949 年由武汉市人民政府接管。

该楼周边为圆弧拱券廊，黄色拉毛外墙，红瓦坡屋面。大门正面为麻条石台阶，两边设坡道，可行驶汽车。屋顶四角为塔楼，四周开圆形窗，用于室内采光。屋顶置德式花饰，内部木作精细，属维多利亚建筑风格。

德国领事馆旧影

经过重建的俄国领事馆旧址

汉口俄国领事馆旧址

地址：今洞庭小路特 1 号，原俄租界领事街

结构：砖混

规模：地上 4 层，建筑面积 1464.38 平方米

建筑时间：1904 年

保护等级：武汉市优秀历史建筑

现房屋所有权人：湖北省电影发行公司

　　1861 年 7 月，俄国驻上海领事夏德尔兼俄国驻汉口领事。在未设领事馆前，俄国在汉口通商事务由美国领事馆代办。1869 年俄国始在汉阳设领事馆，1891 年欲在汉阳设租界之事未成，遂将领事馆迁至汉口。1896 年，汉口俄租界划定后，在界内建新领事馆，初建 9 栋两层砖木结构馆舍。1903 年，为了建新大楼，俄领馆暂设在今黎黄陂路与洞庭街交会处，1904 年迁至新楼（今洞庭小路特 1 号）。1917 年俄国爆发十月革命，俄领事馆关闭。1925 年苏联政府在汉口恢复领事馆，1927 年再次闭馆。1927 年桂系军阀据鄂时期，武汉卫戍司令胡宗铎、副司令陶钧曾以俄领馆旧址楼房为官邸。1933 年苏联驻汉领事馆复馆，1947 年再次关闭。1949 年武汉解放后，俄领馆大楼由湖北省电影公司等单位使用。

　　汉口俄国领事馆旧址主楼平面呈"品"字形，主体后撤，中部有一个三跨门廊，两侧设坡道，可行驶汽车，正中为条石砌筑台阶。建筑所有窗、门均为半圆形券拱式，加框。壁柱短粗，为拜占庭风格。建筑层间设腰线，每层均有连续半圆形券拱窗。建筑内部装饰华丽。

经过改建的美国领事馆旧址

汉口美国领事馆旧址

地址：今车站路 1 号，原俄租界邦克街

结构：砖混

规模：地上 3 层，建筑面积 2581.47 平方米

设计单位 / 人：景明洋行

施工单位 / 人：汉口广兴隆营造厂

建筑时间：1905 年

保护等级：湖北省文物保护单位

现房屋所有权人：武汉城投房产集团有限公司

美国领事馆旧影

　　美国领事馆建筑原为俄国贵族巴诺夫（J.K.Panoff）在汉口的房产。1861 年 4 月汉口美国领事馆开馆。1877 年，美国领事馆位于英租界内。1903 年升为总领事馆。据 1909 年的《汉口全图》，美国领事馆设于德租界江边（今沿江大道、五福路交会处）。1911 年辛亥革命阳夏战争期间，有美海军陆战队队员在领事馆前升旗。1915 年，美国领事馆迁汉口俄租界邦克街（今车站路 1 号），1936 年迁至英商亚细亚火油公司汉口分公司大楼。1937 年美国驻华大使馆亦由南京迁汉口，入驻亚细亚大楼汉口分公司。1941 年 12 月太平洋战争爆发后，美国领事馆闭馆，1945 年抗战胜利后复馆，1949 年 5 月武汉解放后再次关闭。2008 年，美国驻武汉总领事馆在汉口建设大道开馆。

　　汉口美国领事馆旧址大楼立面为清水红砖外墙，呈阶梯状层叠向上，设连续半圆拱券门、窗，层间设显著腰线，外立面呈弧形，极具巴洛克风格的流动感。转角呈四层城堡状，上有八角塔。底层设三个入口，正中大拱券门为主入口，门内为高内空大厅。该楼走道铺水磨石，房间铺木地板，至今保存完好。

汉口五国租界区形成史略

（一）

在第二次鸦片战争中，战败的中国于 1858 年 6 月 26 日（清咸丰八年五月十六日）与英国签订《天津条约》，其第 10 款规定："长江一带各口，英商船只俱可通商。唯现在江上下游均有贼匪（按指太平军），除镇江一年后立口通商外，其余俟地方平靖，大英钦差大臣与大清特派之大学士尚书会议，准将自汉口溯流至海各地，选择不逾三口，准为英船进出货物通商之区。"（《汉口租界志》，武汉出版社 2003 年版，第 1 页）

1860 年 10 月 24 日和 25 日（清咸丰十年九月十一日和十二日），中英签订《天津条约》批准书——《续增条约》即《北京条约》。

1861 年 3 月 21 日，英国公使馆赞巴夏礼与湖北布政使唐训方在武昌订立《汉口租界条款》，划定花楼巷沿江以下长 250 丈、宽 110 丈的 458 亩零 80 弓（约 0.3 平方千米）的土地为英租界。其范围是今江汉路与合作路之间、长江边与胜利街之间。

1864 年，武汉地方当局为了防范活动在北方的捻军可能对汉口的进攻，修筑了上起汉江边硚口（今硚口路）下至长江边沙包（今一元路口）的汉镇堡垣，其弓形弧长约 5300 米，围合的汉口镇总面积约 4.9 平方千米，其中已经划定的英租界和预留的租界区 0.93 平方千米。

英租界设立后，英国、法国、美国、荷兰、比利时、意大利、丹麦、瑞典、挪威等国家陆续在汉口设立领事馆，更有众多洋行、银行和工厂、货栈的开设，

以及教堂、学校、医院、俱乐部等的建立，使汉口城区向长江沿岸下游发展。

1898 年 8 月 31 日，英国驻汉口领事霍必澜与湖北按察使、汉黄德道江汉关监督俞钟颖签订《英国新增汉口租地条款》，决定英租界向西拓展至城垣内官地 5 丈止，北与俄界相连，新增土地 337.5 亩，总面积 795.33 亩（0.53 平方千米）。其范围推进到今中山大道，也使汉口城区向西扩展。

（二）

甲午战争后的 1895 年，德国借口和法国一起进行"三国干涉还辽"有恩于中国，提出在汉口设立租界。10 月 3 日，汉黄德道江汉关监督瞿廷韶与德国驻上海总领事施妥博在汉口订立《汉口租界合同》，将汉口堡垣通济门城外沿江官地，共宽 300 丈，深 120 丈，总面积 600 亩（0.4 平方千米）为德租界。其范围是今一元路与六合路之间、长江边与中山大道之间，使汉口城区进一步向长江沿岸下游延伸。

1898 年 8 月 27 日，汉黄德道江汉关监督瞿廷韶与德国驻北京特派员柯达士在汉口修订界址，将汉口堡垣拆除后的城垣外官地 36.83 亩（今一元路周边）划给德租界，德租界面积增加到 636.83 亩（约 0.42 平方千米）

（三）

1896 年 6 月 2 日，汉黄德道江汉关监督瞿廷韶与俄罗斯驻天津领事宜德在汉口签订《汉口俄租界地条约》，规定英租界以下沿江至通济门为止，计长 288 丈，俄租界占 2/3 为 192 丈，面积 414.65 亩（约 0.27 平方

近代汉口英租界地图

近代汉口五国租界示意图

近代汉口德租界地图

千米）。其范围是今合作路与黎黄陂路—洞庭街—洞庭小路之间、长江边与中山大道之间。

在与俄国签约的同一天，汉黄德道汇汉关监督瞿廷韶与法国驻汉口领事德托美签订《汉口租界租约》，规定英租界以下沿江至通济门为止，计长 288 丈，法租界占三分之一为 96 丈，面积 187 亩（约 0.12 平方千米）。其范围是今黄兴路与一元路之间、长江边至中山大道之间。

1902 年 10 月，中法签订《汉口展拓法租界条约》，拆除汉镇堡垣尾段，法租界向西扩展至距京汉铁路大智门车站 60 丈为止，扩展面积 170 亩（约 0.11 平方千米），总面积 357 亩（约 0.24 平方千米），也使汉口城区突

破堡垣向西扩展。

（四）

1898 年 10 月 19 日，汉黄德道江汉关监督瞿廷韶与日本驻上海总领事小田切在汉口签订《汉口日本专管租界条款》，划定德租界以下日租界，沿江 100 丈，东至江口，西至京汉铁路边，面积 247.5 亩（0.165 平方千米）。其范围是今六合路与郝梦龄路之间、长江边与中山大道之间。

1907 年 2 月 9 日，汉口关道桑宝与日本驻汉口领事水野幸吉签订《推广汉口租界专条》，日租界沿江扩展 150 丈，扩展面积 375.25 亩（0.25 平方千米），总面积达到 622.75 亩（0.415 平方千米）。其范围向北扩展，

也使汉口城区向长江沿岸下游延伸达到更远。

（五）

为了维护主权完整和民族尊严，中国人民收回租界的斗争从未停止。

（1）在 1917 年第一次世界大战中，3 月 14 日北京政府宣布与德国断交，接收在华德国租界。3 月 15 日，湖北督军王占元奉北京政府令，派江汉关监督兼交涉员吴仲贤与汉口警察厅督察长率 150 名警察、136 名巡捕进入汉口德租界，接管德租界的警察权。3 月 28 日，北京政府内务部公布《管理津、汉德国租界暂行章程》，决定在汉口德租界设特别区临时管理局。8 月 14 日中国对德国正式宣战后，改为汉口特别区管理局，由湖北省管理。8 月 21 日根据内务部《管理敌国租界办法》及《特别区市政管理局简章》，改为汉口特别区市政管理局。

1926 年 10 月改为汉口市第一特别区管理局，1927 年 4 月改为武汉市第一特别区管理局。1929 年 1 月 1 日，湖北省政府撤销武汉市第一特别区管理局，市政归并武汉市。

（2）1919 年 7 月 25 日，苏俄政府外交人民委员会向中国人民和中国南北政府发表宣言，表示将废除沙皇政府同中国订立的不平等条约，放弃沙皇政府以侵略手段从中国夺取的所有土地。迟至 1920 年 3 月得到苏俄政府宣言，北京政府仍然承认已被推翻的旧俄政府，并继续让其驻华公使和各地领事行使职权。9 月 27 日苏俄政府发表第二次对华宣言，宣布"将前俄皇政府与中国所订协约概行废弃"，"放弃侵占所得之中国领土及中国境内之俄国租界，并将沙皇政府及俄国资产阶级掠自中国者，皆无报酬地永久归还中国"。10 月 26 日，湖北省交涉署宣布成立暂行代管俄界办事处，11 月 1 日改为特别区办事处。

1924 年 5 月 31 日，中苏在北京签订《中俄解决悬

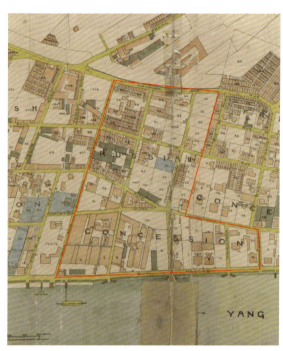

近代汉口俄租界地图

近代汉口法租界地图

近代汉口日租界地

案大纲协定》，7月1日正式收回汉口俄租界，成立收回俄租界临时管理处（1925年3月1日改为汉口特区管理局，由湖北省管理）。1926年10月改为汉口市第二特别区管理局，1927年4月改为武汉市第二特别区管理局。1929年1月1日，湖北省政府撤销武汉市第二特别区管理局，市政归并武汉市。

（3）1926年9月，国共合作的、从广州出发的北伐军攻占汉阳和汉口，10月10日攻占武昌。1927年开年，武汉人民连续举行各种活动，庆祝北伐胜利和国民政府迁都武汉。1月3日下午2时，中央军事政治学校武汉分校宣传队在江汉关附近空地上演说，英国水兵和"义勇队"悍然向聚集的中国民众开枪，致使数十人受伤，史称"一·三"惨案。惨案激起武汉民众的极大愤怒，大量民众和工人纠察队冲进英租界，英国水兵和"义勇队"被迫撤到军舰上，并请求国民政府派兵保护英租界。基于国民政府控制了英租界的事实，经过交涉和谈判，2月19日英国政府与国民政府签订协议，将汉口、九江两地的英租界交还中国。3月15日，外交部汉口第三特别区市政管理局成立。

1941年12月太平洋战争爆发后，日军接管汉口第三特别区市政管理局，1942年4月12日交给伪汉口特别市政府。1945年8月抗日战争胜利后，根据中英间的约定，原汉口第三特别区并入汉口市。

（4）1937年7月中日战争爆发，8月6日日本驻汉口代总领事松平忠久于撤侨前夕请求汉口市政府代管日租界。1938年8月13日，汉口市政府宣布收回日租界，设立第四特别区。10月下旬武汉沦陷，日租界恢复。

1941年12月太平洋战争爆发后，中国对日德意宣战，与美英苏结成同盟国。1942年10月9日，英、美政府分别声明愿即时放弃在华治外法权及其他有关权益。日本为了增加汪伪政府的合法性，1943年3月30日在汉口举行"交收"汉口、沙市日租界仪式。1945年8月抗日战争胜利后，中国政府正式接收汉口日租界。

同时，为了增加汪伪政府的合法性，日本串通法国维希政权于1943年6月5日在汉口举行"接收"法租界仪式。1945年8月抗日战争胜利后，中国政府正式接收汉口法租界。

汉口五国租界的历史在1945年抗日战争胜利后全部终结，但中国的社会性质并没有根本改变，直到中华人民共和国成立。

（六）

1840年鸦片战争以后，中国社会的半殖民地性质逐渐形成。中国被迫开埠通商是西方列强强加的，外国资本开始进入中国经济的各个领域，西方列强强化对中国政治的干涉，加剧了中国与列强的民族矛盾，以及中国人民与外国侵略者的直接冲突，加剧了中国的政治经济社会危机。

外国资本进入中国经济的各个领域，也输入了新的生产力、新的生产关系、新的文化和新的观念，促进了中国社会的经济基础及其上层建筑的逐渐瓦解，为民族工商业提供了强力刺激和竞争动力。

汉口五国租界的设立、开发建设和管理，也给中国人展示了一个近代城市的标本，为中国城市现代化进程提供了直接借鉴。

汉口开埠通商后，外商大量收购华中以及西南西北的农副产品、工矿原料等，转运上海出口；外国工业品也通过上海转运汉口，销往中西部内地。1861—1894年江汉关年进出口额为3000万～4000万两，1895—1914年大幅度增加（1901年突破1亿两，1906年接近上海），1915年突破2亿两、1923年突破3亿两，1925年突破4亿两，这使武汉成为内地最大的国际化经济中心和近代化城市。

历史地图由"人文武汉"研究团队提供

第三章

交通改变城市

火车站的故事

❯ 作者：胡全志，市政府参事，武汉城市历史文化专家

第二代大智门火车站

武汉众多近代百年经典建筑中，大智门火车站是其中一颗璀璨之珠，2001年6月25日国务院公布其为第五批全国重点文物保护单位。这座矗立在原京汉街与车站路尽头的法式建筑，如同大型艺术雕塑般地存在。它的身世，串联起说不尽的故事。

【被忽视的第一代火车站】

《汉口小志》（1915年）载："距北京前门站2416里，为旧有堡垣之第二门……此站距大智门旧址约半里，故名大智门车站。"其中提到的大智门车站，还不是现在的那个大智门车站，而是时间更早的第一代火车站。

第一代大智门火车站约建于1903年前后，其照片在20世纪20年代前后曾制成明信片发行。在诸多照片中，受聘来汉为卢汉铁路建设人员提供医疗服务（1898—1908年）的比利时医生菲利普·斯普鲁伊特所拍的一组照片最为清晰，具有不同角度场景：车站占地面积约800平方米，主楼为二层，四面坡顶，临街正面横楣上写有两行中外文字，中文为"中国铁路总公司"。可见，此地既是站房，又是当年清廷下设的铁路总公司的办公楼。主楼一楼前后均有拱券走廊。两侧各有一间单层附楼，楼顶为平台，装有西洋瓶式栏杆，设计风格简洁明快。当时，"大清邮政分局"设在车站左翼附楼内。

第一代车站的场景，在1911年辛亥革命战争时留下的照片中多次出现，这一时期，站房在战火中受到损伤。

由于造型美观别致，当时的第一代大智门火车站，已然视作汉口"名胜"。民国四年（1915年）刊行的《汉口小志》"名胜记"中记道："大智门火车站繁盛极矣！为南北要道，水陆通衢。每届火车停开时候，百货骈臻，

"大智门火车站繁盛极矣！为南北要道，水陆通衢。每届火车停开时候，百货骈臻，万商云集，下等劳动家藉挑抬营生者，咸麇集于此。"

万商云集，下等劳动家藉挑抬营生者，咸麇集于此。"

民国初，汉口绅商及省议员曾动议将大智门车站迁移至循礼门，迟迟未决。1917年，因大智门车站位于法租界，于利权及军事行动均有不利，各界再次呼请迁移，终被搁浅。

这个第一代大智门火车站是否就是汉口最早的火车站呢？其中仍存待考证之处。

2020年，武汉民间文史爱好者偶然从国外获得两张疑似比"第一代"年代更早的"汉口大智门火车站"照片。

一张是站房近景，有两名外国人和一群中国人候车的镜头，背景为一层西洋式小型站房，坡犀顶前出，由斜衬支撑形成风雨廊，大门前置有一台称物地磅。月台上立有中外文站牌，下行为中文"汉口大智门"，上行左为英文"汉口"，右为法文"城镇""城市"。但照片中的站牌似乎没有立杆，也未见投影。

另一张是火车开进车站时的照片，为同一场景。

两张照片上的车站设施看上去十分陈旧，其拍摄时间、摄影者等信息不详，且存有许多疑点。如：列车自北方进站，轨道应是笔直的，而这张照片中的轨道却是弧线；仔细比对第一代站台与这两张身份信息不明的照片，两者站台高度不一，所用材料不一，第一代站台边缘面层是用的方石块，下面是砖砌，而这两张照片中的

站台是两层方石块所砌，综合分析，有当代"移花接木"之嫌。且火车站整体形貌比较简陋，自然也不会被《汉口小志》誉为"繁盛极矣"的"名胜"。

这两张疑为更早的大智门车站照片，因资料信息局限，目前无法解读认定。

【最有名的第二代火车站】

第二代大智门火车站——也就是我们今天看到的这一座，改建于 1917 年 12 月 28 日。

据 1917 年 12 月 30 日《汉口中西报》《扩充火车站之伟观》一文报道："大智门京汉铁路车站早拟将房屋大加扩充，嗣因省议会屡次建议移驻，故推广暂为中止。肇因生意日兴日盛，兼以运输军队及军用品，差事甚多，非添聘得力人员不能应接。而迁移歆生路及张美之巷，前议尚非一时所能决定实行。京汉铁路局局长特禀请交通部拨给款项，将旧有车站改造三层楼洋式房屋三大栋，并从旁边添造搭客停驻所及巡警食宿所四间……现工程业已告竣，昨二十八日已将新旧人员全体迁入办公，所有旧〔售〕票、过磅等事务所，布置极为完善。"

1917 年改造竣工的大智门车站是一座风格独特的古堡式建筑。车站坐西朝东，正面临街。候车室面积 1022 平方米，为钢筋混凝土及砖木混合结构，平面布置为中部突出、两翼内收，立面布置为两端突出。中部四角各修筑有 20 米高的塔堡，堡顶铁铸，呈流线方锥形。屋顶有五个屋面，正中部高举，中部两侧稍低，两端稍高，屋面均不出檐，檐周修有栏杆式女儿墙。主出入口系由并列的三洞六扇门组成，设于大厅正中。室内正中为一层候车大厅，计 18 米 ×18 米，空间高 10 米，两端为二层，楼下用作售票，楼上用作办公。计有站房 4086 平方米，2 座站台，3 座候车亭。

如今，这座车站已有 106 年历史，是汉口地区历史地标。

据《武汉市志·交通邮电志》（1998 年）记载："1903 年武汉市辖区的玉带门、循礼门、大智门、江岸等车站建成营业时就建有站台。"当代地方志上一般将大智门车站建成的时间定位在 1903 年，《江岸区志》（2009 年）："始建于清光绪二十八年（1902 年），1903 年开通。"也有其他资料称："始建于 1898 年，1902 年 6 月建成投入运营。"

1991 年 4 月 21 日，位于金家墩新建的汉口站正式竣工建成。同年 10 月 1 日，大智门站（老汉口站）退出历史舞台，新汉口站投入运营。原市中心地段的铁路线改建为京汉大道。

【从水运交通到铁路枢纽】

千百年来，武汉凭借长江、汉江的天然优势，自古水运十分发达，所谓"楚蜀帆樯，扬州万舸。"唐宋时期，已成为当时全国内河最大的航运中心。至清乾隆、嘉庆年间（1796—1820 年），汉口已是"楚中第一繁盛处"，泊船常在数千乃至上万艘。从武汉循长江水道行进，东达吴会，西通巴蜀，向北溯汉水而至豫陕，经洞庭湖南

中国铁路总公司旧影

彩色明信片上的大智门火车站

达湘桂。"大江横绕，樯立帆飞，时与烟云起灭。"这是昔日武汉三镇江景优美的历史画面。1861 年汉口开埠通商后，武汉客货航运更是通江达海。

京汉铁路的兴建与贯通，迅速改变和提升了城市交通功能。突破水道与驿道的传统交通网络格局，从此迈入了火车时代。开启了轮船客运齐发，东至上海，西达重庆，北上京城的水陆联运模式。由此改变了武汉在近代中国经济布局中的格局，武汉不再是长江流域中仅充当横向传导的角色，纵向的铁路线在缩短了时间和距离的前提下，还提升了难以计数的运载力，这更加有力地推动了汉口商业贸易的发展。

京汉铁路对汉口的影响，除交通格局发生巨大变化外，还直接促进了房地产的开发和人口的增长。翻阅民国时期的汉口地图，从清末到 20 世纪 30 年代，以大智门火车站为核心，相继兴建了大量成片规模的中、高档住宅建筑——里分，如辅堂里、尚德里、长清里、长安里、如寿里、三德里、坤厚里等，辐射于车站周边。清末，汉口的传统商业中心是汉正街、黄陂街、花楼街，为水运兴旺使然。民国时期的繁华热闹之所，在六渡桥、江汉路之外，还有车站路、大智路等一系列与铁路紧密相关的区域。

百年来，京汉铁路对武汉三镇的影响，不可备述矣。

大智门火车站

名称：京汉火车站（亦称大智门火车站）

地址：汉口京汉路特 1 号

结构：砖混

规模：地上 2～3 层，建筑面积 1176 平方米

设计单位 / 人：法籍工程师萨杜、普多曼

施工单位 / 人：广邦营造厂

建筑年份：1917 年

保护等级：全国重点文物保护单位

建于 1906 年京汉铁路全线通车之前的大智门火车站站房。站牌上行标有法文"HANKOWVILLE"，意即"汉口镇（市）"，下行标有中文"汉口大智门"

大智门火车站第二代站房，屋檐匾牌上刻有中文"中国铁路总公司"和法文"京汉铁路大智门车站"的字样

初建成的大智门火车站第三代站房

20 世纪 80 年代的汉口火车站（大智门火车站）

　　大智门火车站原为芦汉铁路（后称京汉铁路）南端终点站主体建筑，位于汉口车站路西端。第一座站房为木结构西洋式平房，建于 1906 年京汉铁路全线通车之前（图 1）。第二座站房建于 1917 年之前，为斜坡瓦顶无塔楼两层楼站房（图 2），该站房在辛亥革命阳夏战争中被战火部分损毁。第三座站房为法国四堡式建筑，于 1917 年在旧站房基础上重建，一直使用至 1991 年（图 3、图 4）。抗日战争时期，大智门火车站风云际会：1937 年 9 月 17 日下午，中国军队第 9 军军长郝梦龄从这里北上抗日，血战成仁；1938 年春，八路军副总指挥彭德怀在这里莅临武汉；台儿庄抗战藤县战役中，41 军 122 师师长王铭章以身殉国，灵柩由徐州经大智门车站运抵武汉。1991 年 10 月 1 日，汉口火车站（大智门火车站）北迁至汉口金家墩新址，老车站终止了使命。随着铁路北移外迁，京广线汉口城区铁道路轨被拆除，建成京汉大道。大智门火车站站房予以保留。

　　该建筑平面呈横亚字形，中部突出，正中为一层，内空高 10 米，两侧为二层；立面造型为中部和两端突出，五个屋顶，中部四角各筑高 20 米塔堡，堡顶为铁铸，呈流线方锥形。墙面、窗、檐等部位以线条和几何图形雕塑装饰，属法式建筑风格。

三北轮船公司大楼

建筑物现在名称：沿江大道 167 号

原有名称：三北轮船公司

建筑物用途：（现）民居 /（原）轮船公司

地址：（现）沿江大道 167 号（原）俄租界尼古拉大街

结构：砖混

规模：地上 5 层，建筑面积 3687.50 平方米（原 4 层，建筑面积 3199.80 平方米）

施工单位 / 人：汉协盛营造厂

建筑年份：1922 年

保护等级：武汉市优秀历史建筑

现房屋所有权人：武汉港务集团

民国时期的三北轮船公司汉口分公司办公楼

　　三北轮船公司由上海著名德国洋行买办虞洽卿创办于1913年，因慈北、镇北、姚北三轮，自宁波航行镇海、余姚而得名，1915年设汉口分公司。抗战爆发后，三北集团沉塞于江阴、马当和黄浦江的轮船、趸船达7艘、1.2万吨；沉于广州、福州、镇海的船只达11艘、1.6万余吨，为封江御敌作出了巨大牺牲。抗战胜利以后，三北公司汉口分公司返汉恢复长江中下游航线，由于国民党发动内战，航运业务陷入瘫痪。武汉解放后1949年5月18日，武汉市军管会交通接管部代表刘惠龙接管该公司，1951年2月归于中国人民轮船总公司长江区公司管辖。

　　大楼以现代风格简化列柱、轴线装饰立面，整体保留三段构图和转角入口圆形塔等古典主义建筑手法。

日本日清公司仓库

建筑物现在名称：大武汉 jazzclub（2018 年）

原有名称：日清公司仓库

建筑物用途：（现）居住营业 /（原）仓库

地址：沿江大道 155-156 号（原俄租界尼古拉大街）

结构：砖混

规模：地上 4 层（原 2 层）建筑面积 11441.6 平方米

建筑年份：1907-1913 年

保护等级：武汉市优秀历史建筑

现房屋所有权人：武汉港务局、长航工程局

1926 年左右的日清公司仓库（右）

    "一战"结束后，日清汽船株式会社（日清公司）的船舶吨位、航线规模超过怡和、太古等老牌英资企业，航运业务形成江海联运线，进出口贸易丰富，致日清公司在汉产业发展迅猛。1909 年的《汉口全图》及其后历史图片显示，该地块在十余年间相继建成日清公司办公楼及多座仓库，至 1926 年，整个区域已形成完整的仓库建筑群。中华人民共和国成立后，日清公司仓库成为湖北省粮油、服装批发仓库，制衣厂和职工宿舍。2001 年后被餐厅、酒店租赁经营。

    该建筑通过窗间墙和壁柱作竖向划分，设大玻璃窗，檐口处设精致装饰线脚，立面简洁，为武汉早期工业建筑。

日本日清公司大楼

建筑物现在名称：好百年饭店

原有名称：日清轮船公司大楼

建筑物用途：（现）饭店住宿/（原）银行办公

地址：江汉路2号（原为英租界太平街）

结构：钢混

规模：5层；建筑面积6427平方米

设计年份：1927年

设计单位/人：景明洋行

施工单位/人：汉协盛营造厂

建筑年份：1928年

保护等级：武汉市文物保护单位

现房屋所有权人：原广州军区湖北房产管理局

现房屋使用人：租赁

20 世纪 80 年代的日清洋行旧址大楼

　　1907 年，日本大阪商船公司、日本邮船公司、湖南汽船公司和大东汽船公司合并成立日清轮船股份公司，总部设在东京，在上海、汉口设分公司。在汉口沿江有码头两座，堆栈 6 处，经营汉口至上海、湘潭、宜昌航线。1928 年在今江汉路 2 号建大楼，1937 年"七七"事变后奉令将长江上游船只和日侨集中驶运上海，1939 年并入日东亚海运股份公司，1941 年，在中国沦陷区港口停泊的太古、怡和和挂意大利国旗的中国三北公司均被该公司接管。日清公司受日本政府资助，在日航运界扮演政府"国策使命"角色。1945 年 9 月抗战胜利后，由国民政府军事委员会后勤总部水运指挥部派员接收。日清公司地块原为太平洋行，江汉路因此原名太平路。

　　建筑主入口居中，以爱奥尼克柱强化，上层双支柱两侧对称布置。上部仿麻石粉刷，底层外墙大块麻石垒砌，转角处顶部构筑拜占庭式角塔，属文艺复兴式建筑风格。

著名铁路工程师詹天佑故居

建筑物现在名称：詹天佑故居

原有名称：詹天佑故居博物馆

建筑物用途：（现）公益建筑／（原）住宅居住

地址：（现）洞庭街 65 号（原）俄租界鄂哈街

结构：砖木

规模：地上 2 层，建筑面积 532.12 平方米

设计年份：1912 年

设计单位／人：詹天佑

建筑年份：1913 年

保护等级：全国重点文物保护单位

现房屋所有权人：武汉市文化局

詹天佑（左一）与家人在武汉

　　詹天佑（1861—1919年），祖籍江西婺源，1861年生于广东南海，1872年考取清政府首批幼童出洋预备班赴美读书，耶鲁大学土木工程系毕业。1888年就职于中国铁路公司，1905—1909年任京张铁路总工程师兼会办，因提前两年修成京张路，在国内外引起轰动。1909年任川汉铁路总工程师兼会办，次年任商办粤汉铁路总理兼总工程师，设总公所于汉口。1912年任交通部技监，驻汉口专办铁路事，主持修改了汉口至宜昌铁路线路设计，同年夏任中华工程师学会会长。詹天佑在此期间买地建造私宅，定居汉口。他1914年任汉粤川铁路督办，督修粤汉铁路武昌至长沙段，1919年4月24日在汉口病故。该楼房由詹天佑自行设计，属中西合璧式公馆建筑。

大智门火车站旧址主体建筑候车大厅

大智门火车站的修缮保护

　　大智门火车站，又名京汉铁路火车站，位于汉口京汉大道与车站路交会处，1896 年破土动工，1903 年建成，占地 800 余平方米，建筑面积 1022 平方米。其楼宇主体坐西朝东，中部突出、两翼内收，呈亚字形，为钢筋混凝土法国四堡式建筑。2001 年 6 月 25 日列入全国重点文物保护单位，2019 年 4 月 12 日入选中国工业遗产保护名录。

大智门火车站原候车大厅

火车站旧址西南侧大树树根延伸至围墙内，致青砖地面隆起、破损，围墙开裂倾斜，树枝伸及建筑屋顶、外墙，对建筑本体安全造成威胁。江岸区有关部门联合行动对树木进行了移栽，保障了文物建筑的安全

　　大智门火车站曾是京汉铁路南端终点站，是中国近代铁路建设历程的重要见证。1991年，该站（时名汉口火车站）北迁至汉口金家墩新址，老车站停止营运，建筑被空置。大智门火车站旧址主楼四角筑有塔楼，室内正中为一层，内空高约10米，两侧为二层楼房，建筑细部讲究。1993年之前其主楼未进行大型维修，2003年进行屋面翻修，更换腐朽门窗，重装外墙勒脚石等。由于靠近武汉轻轨一号线，多年受轻轨营运震动影响，建筑出现墙体开裂，地面下沉，屋面局部渗水、空鼓等现象，变得日益脆弱。2021年5月，江岸区文化旅游局申报大智门火车站旧址修缮立项，2021年9月，国家文物局下发文件，同意"大智门火车站旧址保护修缮"计划，要求该建筑"进一步明确后续使用功能，在修缮中统筹考虑必要的功能需求。"武汉市随即启动对车站主楼及相关环境的保护性维修施工，施工方针对存在的问题进行了地基基础、墙体结构加固，墙面、屋面防水处理，门窗、金属栏杆等构件的修补除锈油饰处理，清理修复了建筑周边的排水系统，使大楼整体结构得到强有力巩固。2022年6月，江岸区文化旅游局协调武汉地铁资源经营有限公司、江岸区园林局、江岸区车站街道办事处等部门，对车站旧址保护范围对建筑安全构成威胁的树木全部进行了移栽，使这处国家级文物建筑主体及其地域环境安全得到了保障，为其后续的保护性利用提供了良好条件。

第四章

电灯公司的故事

> 作者：田联申，武汉城市历史文化专家

汉口邮政总局搬迁旧影

20 世纪 20 年代的汉口外滩，路灯照明，远处为英商亚细亚火油公司

"楼上楼下、电灯电话"，曾经是人们对现代化生活的追求。苏联革命导师列宁提出过著名的口号"共产主义就是苏维埃政权加全国电气化"，他的理想社会就是"苏维埃加电气化"，可见电在现代社会的重要地位。

1866 年德国人西门子制成世界上第一台工业用发电机，"电"始为人类使用。中国最早用电可追溯至 1879 年（清光绪五年），当时在上海租界的英国人为了欢迎美国总统格兰脱路过上海，特地运来了一台小型引擎发电机，8 月 17 日至 18 日在上海外滩使用了两个晚上。

1882 年，英国人在上海租界设立上海电光公司，为中国土地上最早的发电厂。

"驾乎津门，直追沪上"的汉口，在 1906 年用上了电。

【汉口点亮电灯】

《汉口租界志》载："租界地区的电力工业始于 1906 年。据 1906 年汉口《关册》记载，洋（英）商电灯公司于九、十月开市，路灯只三盏，行家多有装点者，颇合用并供给清水。"比上海晚了 24 年，但还是遥遥领先当时国内大多数城市。其时，英国皮货商卜劳德集资 3 万英镑，在界限路 8 号（现合作路 22 号）成立英商汉口电灯公司，建起新厂房以及办公楼。当年就开始向英、俄、法三国租界供电，租界区竖起的路灯、屋内的电灯，是黑夜中长江边唯一的光亮之处，让汉口的百姓感到颇为新奇和向往。

1908 年，汉口的大清邮政总局由江汉关迁至太平路（今江汉路）河街（今沿江大道）口的三菱洋行营业。英国布里斯托大学图书馆网站上的照片，留下的影像记录了一个历史画面——三菱公司的墙上置有中英文招牌"大清邮政总局"，在江汉关与三菱洋行中间有一盏路灯悬挂在空中。

在当时，夜间有电灯照明，可是个稀奇的事。

汉口英商电灯公司旧址位于原俄租界开泰街现鄱阳街 56 号，2019 年被列入全国重点文物保护单位。鄱阳街在俄租界时期为开泰街（Kitai Skaia），又称中国街，1925 年改为三教街，电灯公司为三教街 2 号，1946 年合并于鄱阳街，现为湖北省电力博物馆。

在汉口鄱阳街与合作路交会处的这座古朴的欧式建筑，虽历经百余年沧桑，却仍然稳重、挺拔，它是汉口租界最早、规模最大、经营时间最长的电灯公司，从这里传输出的电流，曾点亮了百年前汉口夜晚的第一束生活用电灯光。

1905 年，英商在界限路（合作路）与当时英租界相邻的俄租界一侧建起汉口电灯公司的新厂房以及办公

苏联革命导师列宁提出过著名的口号"共产主义就是苏维埃政权加全国电气化"，他的理想社会就是"苏维埃加电气化"，可见电在现代社会的重要地位。

楼，由景明洋行设计，汉协盛营造厂施工。

根据法国知名历史学家阿兰·科尔班的研究，即便在欧洲，晚起晚睡、过夜生活起初也是"精英的生活方式"，并因为照明的进步而"具有了与现代性相联系的魅力"。像伦敦这样的大都市，1595 年还曾颁布法令规定："晚上 9 点之后，任何人不得在寂静的夜晚大声喧哗。"直至 18 世纪后，不断改善的城市照明条件，才使越来越多的市民乐于在天黑之后外出寻欢作乐，"不夜城"成了对一个现代城市的最高褒奖。（《经济发达后江浙城市为什么没有夜生活？》）

笔者收藏了一张摄于 1906 年的照片，华界石板路上设置有路灯，当为"洋油灯"，若每晚照明，须有专人添油、点灯。据考证，照片摄于今多福路广货巷一带

汉口电灯公司

汉口电灯公司证

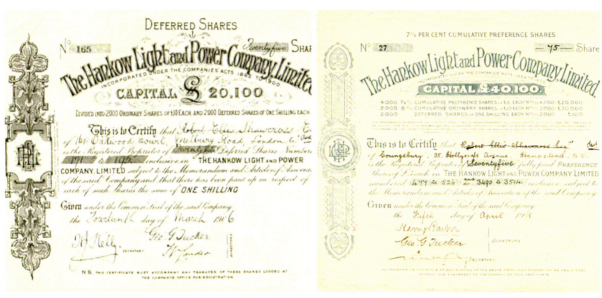

汉口电力有限公司（The Hankow Light and Power Company Limited）股票

【洋油灯是个过渡产品】

在电灯进入汉口之前，中国人都是使用简易油灯，哪怕是皇家用的长明灯也只能是用油——多半是植物油；读书人"青灯伴读"点的也是油灯，农民用一根汤勺、一根棉捻，放进一点油，就成了简易油灯。其次为蜡烛，为黑夜增添些许光明。

直到19世纪"洋油"传进中国，才有了"洋油灯""马灯""汽灯"，使用的是煤油、石油加工而成，至今，飞机发动机仍用航空煤油作燃料。煤油灯比起中国传统的油灯有了巨大的进步，玻璃灯罩美观防风，亮度大增，其中的"汽灯"可为舞台演出提供照明。外商、买办及中国代理商走街串巷大力推销"洋油"，清末民初，"洋油灯"风行华夏城镇，即便是电灯产生之后，在城郊偏僻处、在广袤的农村，煤油灯仍为主要的照明工具。

汉口广为人知的英商"亚细亚火油公司"就是煤油的供应商、批发商，该公司总部在伦敦,1890年在上海设中国总公司,1910年在汉口英租界设分公司（简称亚细亚洋行），下面又辖九江、长沙、宜昌等支公司以及庞大的销售网点。公司在汉建有大型储油柜，自办铁路和水上运输，与美国美孚、德士古石油公司长期垄断汉口及周边省份的煤油供应。

亚细亚火油公司汉口分公司1912年前后设在英租界江边三码头,后迁宁绍码头，不久又迁今胜利街京汉铁路南局二楼，最后自建亚细亚大楼（今天津路1号临江饭店）。1937年，美国大使馆从南京撤往重庆途中，在这栋大楼办公数月。

"洋油灯"的时代好景不长，20 世纪初，上海、天津、汉口等城市，电灯开始取代油灯，毕竟电灯比油灯，照明效果更好，使用更方便，合上开关，灯就亮了。

【汉口电业的扩展】

汉口电灯公司开办后，随着电厂的不断发展，该公司为了扩充资本，3 次发行股票，面值总额达 16.03 万英镑，均由交通银行以不记名方式发。首次发行股票有资本 13 万两，每股 50 两，有 2600 股股份。无论国籍，均可投资成为股东。1906 年 5 月发行时，华人踊跃购股。首次发行股票之目的，专为办租界内电灯。

1907 年，继汉口城垣内的英、俄、法租界有了电之后，城垣外的德租界电厂开办，由德商美最时洋行出银约 4 万两，在德租界二码头（今二曜路口）开设美最时电灯公司，供应德租界街灯及私人用灯；德人英格尔为主任工程师，高姓华人为师傅，有职工 20 余人；该厂设备均为直流，最高容量为 857.5 千瓦。

1913 年，日租界电厂由日本大石洋行开办，有资本 4 万元，位于上小路（今旅顺路）。有 40 千瓦柴油发电机两台，60 千瓦柴油发电机 1 台，100 千瓦蒸气发电机 1 台，总容量 240 千瓦，均为直流，向租界地区供电。

汉口城垣 1905 年拆除，在城垣上建后城马路，1907 年竣工，1908 年既济公司大王庙（今利济南路）电厂发电，照片上可见天一阁有 3 根电线杆及路灯，远处烟囱为英租界茶厂。

【华商进入水电领域】

1906 年，浙江商人宋炜臣联络汉口商人王仿予等申请筹办既济水电公司，并经总督张之洞批准，拨官款 30

汉口电力有限公司（The Hankow Light and Power Company Limited）股票

万元入股以示支持。既济公司一月之内便集资 300 万元，同时兴建水厂和电厂。

1908 年 8 月电厂送电，开办时发电容量为 1 500 千瓦，1933 年发电容量增至 16 500 千瓦，为全国 10 余家华商公用水电厂中规模最大、资本最多的工厂，发电容量占全国华商电厂总容量的 1/3。

1914 年，武昌电灯公司创办，资金 45 万元，有

汉口五国租界用电的同时，华界也不甘落后，1908 年电灯照亮汉口华界，1914 年电灯照亮武昌，1925 年汉阳也用上了电灯，武汉三镇都用上了电灯

300 匹马力交流发电机 2 部，1927 年因亏损转售给竟成电灯股份有限公司。在武昌电灯公司创办之前，1893 年张之洞创办的湖北织布官局发电自用，点亮了湖北第一盏灯，厂内生产照明。

1925 年，汉阳民营电厂由周恒顺厂主周仲宣等人合资开办，既为工厂照明，又为示范推广周恒顺厂生产的煤气发电机。

除了照明，电能还广泛用于其他领域。汉口的冰厂、汽水厂电动机代替了蒸汽机、柴油机，生产机制冰、冰棒、

冰激凌有"英商制冰""中华""和利""万和"等冰厂，生产苏打水、汽水等饮料的有"那嘉利""屈臣氏""和利"等汽水厂，游戏场有"西园""老圃""新市场"，放映电影有"百代""九重""青年会""汉口""维多利亚""万国"等影戏院，饭店饭馆有"安德生""德明""汉口""法俄"等现代饭店，以及众多可打台球、跳舞、喝咖啡的"波罗馆"，丰富了居民的物质文化生活，"夜生活"不再寂寞。

英国汉口电灯公司大楼

建筑物现在名称：湖北省电力博物馆

原有名称：汉口电灯公司

建筑物用途：（现）博览／（原）办公

地址：（现）合作路 22 号／（原）英租界界限街、英国六码头

结构：砖混

规模：地上 3 层，建筑面积 2980 平方米

设计单位／人：景明洋行

施工单位／人：汉兴昌营造厂

建筑年份：1905 年

保护等级：全国重点文物保护单位

现房屋所有权人、使用人：湖北省电力公司

　　1906 年，英国皮货商卜劳德集资 3 万英镑在界限路 8 号（今合作路 22 号）成立英商汉口电灯公司，兴建厂房、办公楼，向英、俄、法国租界供电，并在租界安设三盏路灯，为汉口之首。1924 年发电总容量达 2825 千瓦，为全国最大直流发电厂。1941 年太平洋战争爆发，被日本华中水电株式会社接手业务，1945 年抗战胜利后由汉镇既济水电公司接管。1950 年 8 月、1953 年 12 月，合作路电厂（汉口电灯公司）为中华人民共和国成立初期武汉地区"直流改交流"电网改造打下基础，1955 年停止发电，1956 年改为武汉冶电业局修试工厂。2014 年公司大楼、电厂厂区旧址经过整修，辟为湖北省电力博物馆。

　　大楼为三层混合结构，红瓦屋面，转角处设圆盔顶钟塔楼。底层假麻石粉面，小尺寸开窗，三层设出挑封闭式阳台，属文艺复兴式建筑风格。

民国时期的汉口电灯公司

湖北电力博物馆讲解员在介绍一盏英商汉口电灯公司时期的路灯复制品

汉口电话局大楼

建筑物现在名称：中国电信股份有限公司武汉江岸区分公司

原有名称：民国交通部武汉电话局

建筑物用途：（现）办公 /（原）办公

地址：（现）合作路 51 号 /（原）英租界界限街

结构：砖混

规模：地上 4 层建筑，建筑面积 3290.20 平方米

设计单位 / 人：英国通和有限公司

施工单位 / 人：魏清记营造厂

建筑年份：1916 年

保护等级：湖北省文物保护单位

现房屋所有权人、使用人：中国电信股份有限公司武汉江岸区分公司

武汉解放时，武汉电信局工人纠察队守护大楼安全

1901年，德商西门子洋行在汉口租界内开办电话，为汉口电信业开端。1902年湖广总督张之洞在张美之巷筹办汉口电话局，辛亥革命后改由官督商办。1914年，民国政府交通部出资将商办电话收归国有；1915年又出资将租界电话收归国有，由直辖交通部武汉电话局管理，局址设汉口大智门。1916年在合作路口兴建四层电话大楼，1917年5月12日武汉电话局迁入，1938年3月划归湖北电政管理局，1945年9月，交通部接收该局，成立电信接收委员会接管市内电话业务。1946年5月核定武汉电信局为特等电信局，直属交通部电信总局。1949年7月由武汉市军管会接管，1950年9月改名中华人民共和国邮电部武汉电信局，1955年1月改属湖北邮电管理局。1980年2月，武汉市电信局迁至武昌洪山路1号。

该楼外墙为汉阳铁厂产青灰色铁沙砖，墙面有凸凹效果，线脚有砖砌装饰。入口4根立柱分二组列于大门两侧，三楼窗户设小阳台，为古典主义向现代风格过渡造型。

民国时期交通部武汉电话局证章

英国和利汽水厂

建筑物现在名称：暂无（闲置）

原有名称：和利汽水厂

建筑物用途：（现）空置/（原）厂房

地址：（现）岳飞街44号/（原）法租界霞飞将军街

结构：砖木

规模：地上2层，建筑面积1088.17平方米

施工单位/人：陈茂盛营造厂

建筑年份：1918年

保护等级：湖北省文物保护单位

现房屋所有权人：武汉亚洲实业有限公司

和利汽水厂经营时期的老照片，图中洋房为今天的岳飞街44号，大门前清晰可见"和利汽水厂"厂牌（和利冰厂合伙人克鲁奇孙女供图）

本文主图楼房为和利冰厂／和利汽水厂旧址，另有和利冰厂旧址在其左侧约100米处岳飞街26—24号。和利冰厂与和利汽水厂由英国人科塞恩（Corsane，旧译"柯三"）和英国人克鲁奇（Crouncher）共同创办。厂名取"和利生财"之意。1938年10月武汉沦陷前夕转卖给汉口华商刘耀堂，后停产。抗战胜利后，刘耀堂及儿子刘楚才从重庆返汉重新开业，曾创年产和利牌汽水6万打得最好水平。1952年3月该厂转公私合营，至20世纪70年代成为国营武汉饮料二厂，2000年左右停产。

该建筑集中西建筑风格于一身。屋檐及床柱均衡分布条形格子状浮雕，立面简洁典雅，整体建筑极具厚重感。

20世纪20年代，克鲁奇的大儿子走在今中山大道岳飞街44号和利汽水厂门前（和利冰厂合伙人克鲁奇孙女供图）

汉口电报局大楼

建筑物现在名称：中国电信江岸公司

原有名称：汉口电报局

建筑物用途：（现）电信营业 /（原）电话电报营业

地址：（现）中山大道 1004 号 /（原）英租界湖北街与天津街交界处

结构：钢混

规模：地上 5 层，建筑面积 4264.64 平方米

设计单位 / 人：上海通和洋行

施工单位 / 人：魏清记营造厂

建筑年份：1920 年

保护等级：武汉市文物保护单位

现房屋所有权人：武汉电信局

现房屋使用人：武汉电信局江岸分局

《汉口租界志》记载："汉口电报局，1920年在英租界湖北街（今中山大道）与天津街（今天津路）转角处，紧挨武汉电话局处（左侧）建成四层钢筋混凝土结构大楼。"在1926—1951年多张汉口地图上，该处皆标为"汉口电报局"。1884年，上海至汉口电报线路竣工，汉口电报局始设老熊家巷河边招商局内，1913年迁英租界凤池里，1920年再迁天津街新电报大厦现址。1929年改属湖北电政管理局，1934年开始兼营长途电话业务。同年，全国通商大埠邮、电合并，汉口无线总台并入该局，1937年开始兼理电报和长途电话业务。1938年10月该局西迁，抗战胜利后1946年成立武汉电信局，此后汉口电报局与武汉电信局大楼联通扩建成为整体。

　　建筑外墙为灰砂砖砌筑，转角、窗、檐口等细部用本色砖砌出精美花饰与线条。主入口设转角处，底层收进，由稳重主柱支撑上部出挑部分，底层建半地下室，属现代风格建筑。

1947年，武汉电信局成立后与汉口电报局大楼联通扩建，成为整体

1920年，在今中山大道与天津路转角处建成带塔楼汉口电报局大楼

英国亚细亚火油公司

建筑物现在名称：临江饭店

原有名称：亚细亚火油公司大楼

建筑物用途：（现）饭店／（原）办公

地址：（现）天津路1号／（原）英租界宝顺街

结构：钢混

规模：地上5层建筑；建筑面积6758平方米

设计年月日：1923年

设计单位／人：景明洋行

施工单位／人：魏清记营造厂

建筑年份：1924年

保护等级：湖北省文物保护单位

现房屋所有权人：原广州军区空军

英商亚细亚火油公司为英国壳牌运输贸易公司与荷兰皇家石油公司合设子公司，总部设伦敦，1890 年在上海设中国总公司，约 1910 年在汉口设分公司。1912 年设址英租界三码头，后迁宁绍码头、胜利街京汉铁路南局二楼，后在现址自建亚细亚大楼。主售煤、汽、柴等燃油物资，与美孚、德士古火油公司一起垄断中国石油市场。武汉沦陷后日军部指派见善、吉田等 4 家日本洋行强行代销其商品。太平洋战争爆发后被日军接管，抗战胜利后该行不再享有武汉内河航运权，大班艾力德 1951 年回国。该大楼曾做美国驻汉领事馆、驻华大使馆、汉口美国新闻处。珍珠港事件后曾被日军用于关押俘虏。20 世纪 50 年代起为中国人民解放军空军某部驻地，后为部队招待所。

　　大楼原设计八层，实建五层，立面按三段式划分，西式隅石与中式纹样装饰。外墙仿麻石墙面，墙角隅石护角，檐口装饰及阳台细部留传统纹饰，内部设最新标准，为汉口早期现代派建筑代表作。

民国时期的亚细亚火油公司汉口分公司

第五章

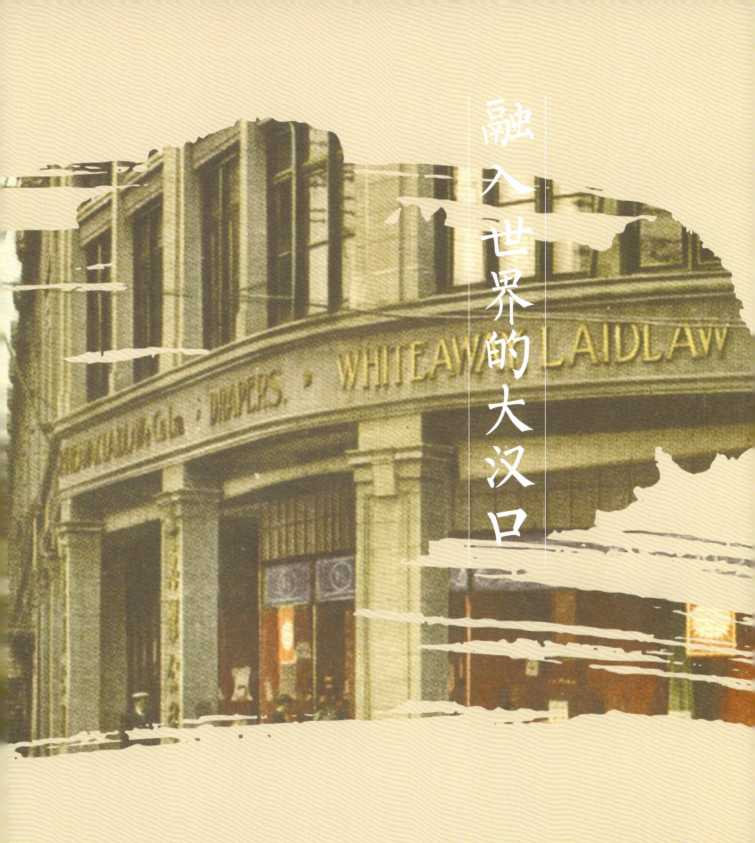

融入世界的大汉口

巴公房子的故事

❯ 作者：王汗吾　　武汉市国家历史文化名城保护委员会办公室业务顾问
　　　　　　　　　湖北大学历史文化学院研究生导师

小巴公房子

大巴公房子

巴公房子曾经的平面投影

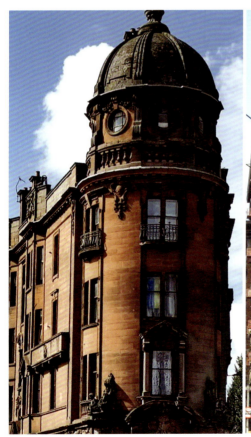

英国格拉斯哥红房子

上海武康大楼

加拿大多伦多古德汉姆大厦

武汉巴公房子

汉口巴公房子这种独特的三角形平面布局，其实不是什么别出心裁，而是限于"大巴公"买到的地块只有这样的三角形。至于世界上其他的类似建筑，其三角形平面投影是否也是类似原因，就不得而知了。

汉口历史风貌区里的巴公房子是著名的历史建筑（2021 年公布为湖北省文物保护单位），其所以闻名遐迩，一是其建筑形式独特，二是"巴公"其人的神秘身份，当然，这其中富含的俄国茶商历史则是最吸引人的。

一、巴公房子的独特建筑形式

巴公房子的外形仿佛一艘昂首破浪前行的航船，朝向黎黄陂路的尖角和穹顶塔楼就像巨轮的船头。巴公房子的平面投影为锐角三角形，由南部面积较大的梯形围合院子（俗称"大巴公房子"）和北部面积较小的三角形围合院子（俗称"小巴公房子"）两部分合成一个整体。巴公房子的外部立面，属于古典复兴式建筑风格。在 1910 年建成"大巴公房子"时，到 1914 年连同"小巴公房子"全部建成时，总面积约 1 万平方米，有约 200 套（间）房间，是当时汉口规模最大的高档公寓建筑。

有趣的是，世界上与汉口的巴公房子类似的建筑，还有英国格拉斯哥红房子、加拿大多伦多古德汉姆大厦和上海的武康大楼。

值得指出的是，汉口巴公房子这种独特的三角形平面布局，其实不是什么别出心裁，而是限于"大巴公"买到的地块只有这样的三角形。至于世界上其他的类似建筑，其三角形平面投影是否也是类似原因，就不得而知了。

二、"大巴公"和"小巴公"是兄弟吗？

按照通常的说法，"大巴公"名叫巴诺夫（J.K.Panoff），是俄国沙皇亲戚、贵族；1869 年来到汉口；随后被俄商新泰洋行聘为大班；1874 年伙同莫尔恰诺夫、彼恰特诺夫、拉萨丁等人在英租界洞庭街南京路段开办阜昌洋行，任联合经理。但是，这个说法没有任何文献依据。俄罗斯的历史学者曾经断然否认巴诺夫是沙皇的亲戚，说也许是他在中国时自吹自擂，以便提高身价。其 1869 年到汉口、被新泰洋行聘为大班，1874 年合办阜昌洋行等说法，也没有见到文献依据。

根据晚清时香港每年出版的《中国指南》中的工商名录，1869 年汉口没有登录新泰洋行，也不见 J.K. 巴诺夫的名讳。根据不连续的名录资料，1861 年汉口开埠到 1879 年以前，未见 J.K. 巴诺夫出现在汉口俄商洋行如阜通、阜昌、顺丰、恒顺等公司名录中。直到 19 世纪 80 年代，在 1882 年、1885 年、1888—1890 年的阜昌洋行

俄商巴公房子（图左）与英商怡和房子的惠罗公司（图右）

名录里才有 J.K. 巴诺夫，但他不是排名靠前的主要负责人。

按照 1882 年巴诺夫出现在阜昌洋行名录里、1922 年还在阜昌洋行里计算，巴诺夫从 20 岁到 60 岁一直在汉口比较合乎逻辑，但难以于 1869 年被新泰洋行聘为大班。

"小巴公"据说是"大巴公"的弟弟齐勒巴诺夫（Chere·Panoff），更是神龙见头不见尾。仅见的一则官方的文献是 1875 年英国驻汉领事的一份商务报告，其中说"现在汉口租界里已能看到三个小的工厂的烟囱……两个是俄国商人经营的砖茶制造工厂，他们已用蒸汽机器代替了本地人多年来使用的那种粗笨的压机。"

查阅香港每年出版的《中国指南》中的工商名录，1868—1870 年顺丰洋行的名录里均有 F·Chere Panoff（F·齐勒巴诺夫），而 1873 年、1874 年顺丰洋行名录里的是 F·G.Chere Panoff（F·G·齐勒巴诺夫）。1876 年，齐勒巴诺夫开办了自己的生记洋行。这个文献还表明，"小巴公"1868 年供职于顺丰洋行，比"大巴公"1882 年供职于阜昌洋行早 14 年，他们是亲兄弟的说法太值得怀疑了。

二、风生水起的新泰茶厂

1861 年汉口开埠后，俄国商人不再守在由晋商开辟的、总里程达万里之遥的从中国内地直到中俄边境的恰克图，购买中国商人长途贩运过来的茶叶，而是很快来到汉口，直接采办茶叶，甚至在深入鄂南产茶区中心的蒲圻羊楼洞设厂，加工成砖茶，装船出长江运回国。19 世纪 90 年代，俄国商人战胜了英国商人，成为汉口这个"东方茶港"的垄断者。

1917 年俄国十月革命后，主要因为苏维埃政府将茶叶视为"奢侈品"，实行外贸管制政策，且俄国国内也有茶树种植，再加上英国殖民地锡兰、印度茶叶的竞争，以及国外的俄国茶商敌视苏维埃政权等原因，到 1920 年前

后，俄国茶厂在汉口的生意逐渐萎缩，终至绝大部分倒闭，很多俄国商人也离开了汉口，J.K. 巴诺夫也是在这个时候离开汉口的。但是，他所曾经效力和执掌的新泰茶厂却没有关闭，而是继续坚持生产，并且于 1924 年恢复与苏联的茶叶贸易，直到 1938 年因为日本侵华战争而关闭，成为汉口最后的俄商茶厂，这个茶厂正在巴公房子脚下，并且留下丰富的历史遗产。

新泰茶厂约于 1875 年创办于汉口英租界下首（1896 年划为俄租界），一直混得风生水起。在一张大约拍摄于 1911 年的俄租界长卷照片中，在江边合作路与兰陵路之间、靠近洞庭街的地方，有一片宏伟的厂房和高耸的烟囱，这就是俄商新泰茶厂。

根据一位从 1925 年开始在新泰洋行工作的老人欧阳维德先生 1982 年写的回忆材料，说"自第一次世界大战后，帝俄在华所设的商行都告停业。而新泰洋行（原系俄国商行）……当时先与英国驻汉领事馆联系磋商后，再派员到英国伦敦注册，改为英商"。

查阅 1924 年出版的《汉口商业一览》，其中文仍是新泰洋行，而其英文名称是 The Asiatic Trading Corporation，即亚洲贸易公司。

这时的新泰洋行，先是"从 1922 年恢复购买红茶，改装运销欧美……1924 年苏联乔其亚茶公司大股东苏联协助会茶叶部委托新泰压制青、红茶砖及代购红茶。苏联协助会租新泰洋行二楼办公，并装备茶楼。协助会茶叶部每年轮派二人负责审评工作，茶楼负责人是梁文祥。红茶购进后，在新泰红茶厂拼装打包，除少数运苏外，多数运销欧美。红茶砖也是如此，但青砖先运往苏联，再返运回销'我国'蒙古及西藏等地区。……每季由协助会派船来汉，届时装运。销售权由苏方处理。原料全由新泰代付，后由新泰再向协助会收回'货款'"。

这时，新泰砖茶厂的规模很大，产量很高。其每天开工所需人数众多，欧阳维德先生开列了压制机、制

图片中部为 1920 年以前的新泰洋行

作木斗（茶砖模型）、烘茶砖房包、包茶砖及装篓、机器房及锅炉房、电机房、铸压茶砖铅模、茶叶技工等不同部位的具体人数，每天三班倒合计人数达到 2 107 人，超过以往资料中记载的最大砖茶厂——阜昌砖茶厂每天用工 2 000 人的纪录。

这时新泰砖茶厂的产量，"东口砖日产量约 350 箱，西口砖日产量约 450 箱，米砖每付压机约 150 箱四副共约 600 箱，计六副压机日产量约 1 400 箱。"按每箱 20 公斤计算，新泰砖茶厂每天的砖茶产量达 28 吨。此外，还有不需压制的红茶尚未计算在内。

所谓"东口砖"的东口，是指河北北部的张家口，它是晋商往东经张家口、库伦（今乌兰巴托）到恰克图，面向内外蒙古和俄国西伯利亚的传统贸易路线的必经之地；所谓"西口砖"的西口，是指山西北部的杀虎口，它是晋商往西面向内蒙古西部、宁夏、新疆的传统贸易路线的必经之地。

原新泰茶厂大门（2017 年合作路"界立方"入口）

1920 年翻建、1924 年建成的新泰大楼

四、丰富的历史遗产

1937 年全面抗战爆发后，中国对外贸易的主要路线长江和沿海航线均被破坏，苏联茶叶专家回国，新泰洋行停业。太平洋战争爆发后，日军战略物资日渐缺乏，1942 年 5 月，日军侵占新泰茶厂，交给日本茶叶株式会社使用，实际上该茶厂所装备的机器等劫掠一空，化铁造枪。抗日战争胜利后，该厂只剩空壳，徒有四壁。后来晋商长裕川以之作为仓库，1954 年公私合营，作为小百货批发仓库。20 世纪 90 年代成为合作路菜场，2014 年被改造为"界立方"创意空间。

如今的"界立方"四周墙体，就是原新泰砖茶厂 1905 年改建的厂房墙体，其围合面积总共约 6 000 平方米。从外面可以看到两端的锯齿形山墙，显示原是并列的两座长条形车间。墙体上有数处窗户的痕迹，这些窗户虽然已封闭，但窗台条石勾画出原窗户的尺寸较大。在这些窗户下面墙根处，留有几处疑似地下室的圆形通

风孔。而建筑的下部则是由几层红砂岩组成的基础部分。

新泰茶厂水塔原在新泰茶厂厂区。这个水塔楼座，40 年代后期成为申新纺织厂的职工住宅。现在已与原厂区隔开，门牌号码是兰陵路 5—7 号。水塔楼座于 2015 年被公布为武汉市优秀历史建筑，2021 年被公布为湖北省文物保护单位。

今天，以合作路新泰茶厂遗址为中心，其周边的兰陵路、洞庭街和一街之隔的天津路，还存在与新泰洋行直接相关的历史建筑 6 处，即新泰茶厂水塔、新泰洋行洞庭街仓库、新泰洋行兰陵路仓库（"界立方"二期）、新泰大楼（兰陵路 2 号）、新泰小楼（兰陵路 1 号）和新泰隔离高墙；与俄国茶商相关的历史建筑 6 处，即巴公房子、东正教堂、那克伐申公馆、李维诺夫公馆、华俄道胜银行和俄国汉口领事馆，合计 12 处。如此富集的中俄茶叶贸易遗存，实为罕见的文化遗产。

俄国新泰茶厂水箱楼

建筑物现在名称：俄商新泰茶厂水箱楼

原有名称：申新四纺织厂高级职员住所

建筑物用途：（现）住宅 /（原）工业

地址：（现）兰陵路 5 号（市纺织局宿舍区内）/（原）俄租界列尔宾街

结构：砖木

规模：地上三层

建筑面积：176.61 平方米

建筑年份：1900 年以前

保护等级：湖北省文物保护单位

现房屋所有权人：武汉市纺织局

　　1874 年，俄商在汉口开办新泰砖茶厂，改用蒸汽机、水压机制作砖茶。此建筑地处新泰砖茶厂原厂区，在申报武汉市优秀历史建筑时，被认定为 1947 年申新四纺织厂职员宿舍，2015 年 12 月，经人文武汉志愿者团队邓伟明先生调查考证，应为新泰砖茶厂水箱楼。考察认为：近代工业用蒸汽机制茶，其动力源于水蒸气，高筑的水箱保证了生产所需的供水水压。在清末新泰砖茶厂照片中，该水箱楼赫然在目。现场发现，水箱楼后侧用于检修的楼梯仍存，经武汉市政府批准更名为"新泰砖茶厂水箱楼"，至成"万里茶道"俄商新泰砖茶厂在汉的珍贵遗存。

　　该建筑外墙为红砂条石立柱，青、红砖拱券门窗，各层楼面以条石、红砖线条装饰，外墙有纵三横四拉杆，以铁块固定。建筑呈长方形，设计精巧牢固，风格独特少见。

在这张清末新泰砖茶厂照片中，水箱楼赫然在目

德国西门子洋行大楼

建筑物现在名称：武汉市政府 3 号办公楼

原有名称：德商西门子洋行

建筑物用途：（现）办公 /（原）经商

地址：（现）一元路 2 号 /（原）德租界皓街

结构：砖混

规模：4 层；建筑面积 2801.53 平方米

设计单位 / 人：景明洋行·石格士

施工单位 / 人：汉协盛营造厂

建筑年份：1908 年

保护等级：武汉市优秀历史建筑

现房屋所有权人：武汉市城投房产集团

现房屋使用人：武汉市政府

　　德国西门子洋行创建于 1847 年，1901 年该行在汉口租界首开市内电话，1908 年西门子大楼落成。《武汉地名志》上《原租界地区地名更替略图（三）》标记该楼为西门子洋行。1918 年起在武汉生活了 27 年的日本人内田佐和吉著《武汉巷史》，记载其为"一座位于汉中街（今中山大道编者注）角上的大厦，这是与一元路相关的最好的楼，这栋大厦就是西门子公司。德国领事馆（编者注：今市政府外事处）在这条街上建馆的同时，西门子公司在这条街上建楼"。1926 年 10 月，国民政府总顾问鲍罗廷曾在楼内办公，郑超麟回忆，大革命时期他奉命到西门子房子去交涉事情，说到那是鲍罗廷公馆。20 世纪 20 年代民国报纸上的西门子广告上刊载地址也在一元路。1927 年"四一二"反革命政变后，中共中央在此召开政治局紧急会议，当时，一楼还是英文报纸《国民论坛》报馆。1938 年武汉沦陷后该楼被日本通信公司占据，抗战胜利后为国民党武汉军警宪联合督察处。中华人民共和国成立后曾为武汉市卫生局办公楼，武汉市老中医门诊部。

　　该楼三段式构造，地上三层，底部建半地下室，正门台阶进入二层，正面 13 开间，两侧各有一间退后，中间的三、四层凸建 6 根廊柱，廊柱两侧顶部各设一德式平行塔楼，属古典主义建筑风格。

李凡洛夫公馆

建筑物现在名称：武汉市警察学会

原有名称：李凡洛夫公馆

建筑物用途：（现）公馆住宅 /（原）公馆住宅

地址：（现）洞庭街60号 /（原）俄租界鄂哈街

结构：砖木

规模：地上3层建筑面积1817.50平方米

设计单位/人：景明洋行

施工单位/人：汉口广兴隆营造厂

建筑年份：1913年

保护等级：武汉市优秀历史建筑

现房屋所有权人：武汉城投房产集团有限公司

李凡诺夫公馆亦称李凡诺夫夫人公馆。李凡诺夫，俄商顺丰茶砖厂厂主。其中文译名甚多：李凡诺夫、季凡诺夫、李维诺夫、李特芬诺夫、利文诺夫、斯特芬诺夫、巴提耶夫等。生卒年代不详，可能来自俄国喀山，甚至有人说，从来到汉口到离开汉口的李凡诺夫不是同一个人，是父子。据《武汉市志人物志》记述，他是俄皇尼古拉一世亲戚，1861年来汉开设顺丰洋行，主营中俄茶叶购销。1863年在湖北羊楼洞开设顺丰砖茶厂，1873—1874年迁至汉口俄租界，采用新式蒸汽机制茶，与俄商埠昌、新泰等砖茶厂操纵汉口茶市，获利颇丰。1917年十月革命后顺丰厂关闭，李返回苏俄。在当年汉口俄租界，从今天黎黄陂路至车站路、沿江大道至洞庭街，许多房产属李凡诺夫及夫人。李凡诺夫公馆曾作武汉市社会学学会办公室，20世纪90年代曾作"别克·乔治"酒吧，2007年曾作冷军画室。据说1997年的某天下午，李凡诺夫的孙女带着她的儿子和两个孙子曾来"寻根"，在老屋前流连良久，惆怅离去。

该建筑清水外墙，立面活泼。底层有几处大圆拱形门洞，中部底层收进，二、三层为外走廊，三层端部建一红瓦六角尖角楼，属斯拉夫别墅式建筑。

汉口租界时期的李凡洛夫公馆

涂堃山公馆

建筑物现在名称：武汉中粮君项华悦酒店管理有限公司

原有名称：涂堃山公馆

建筑物用途：（现）餐饮娱乐 /（原）住宅公馆

地址：（现）车站路 10 号 /（原）法租界河内街

结构：砖木

规模：2 层（不含低空层），主、副建筑 2 栋；建筑面积 1718.92 平方米

建筑年份：1917 年

保护等级：武汉市优秀历史建筑

现房屋所有权人：武汉远航贸易有限责任公司

涂堃山，基督教徒，懂英语，1914—1930 年任英商亚细亚火油公司汉口分公司买办。其间，涂勉力而行，与公司同人一起在湖北及周边建起庞大推销网络，设总庄（总代销店）于鄂东、鄂西区，襄府河、粤汉、湘西线等48 个市、县，至公司销售规模稳居同行前列，稳坐买办位数十年。1949 年武汉解放前夕，涂赴美定居。中华人民共和国成立后公馆为解放军空军部队接管，曾作空军高级将领傅传作住宅。20 世纪 90 年代后为武汉远航贸易有限公司使用。

建筑入口设中部，凸出门框造型，两侧精致多立克柱，精细半圆券拱。上部缀形似檐口装饰横带，中部变化山花装饰起收进效果，为欧洲古典主义建筑形制。

涂堃山在公馆庭院内留影

英国老沙逊洋行仓库

建筑物现在名称：武汉世通物流公司

原有名称：老沙逊洋行仓库

建筑物用途：（现）商业／（原）商业

地址：（现）洞庭街 32 号／（原）英租界洞庭街

结构：砖混

规模：地上 3+1（原 3）层；建筑面积 6100 平方米

建筑年份：1918 年

保护等级：武汉市优秀历史建筑

现房屋所有权人：武汉世通物流公司

现房屋使用人：中百仓储

左一建筑为老沙逊洋行建在汉口江滩的三层公事房，现已不存。左二为花旗银行大楼

　　老沙逊洋行由 1832 年居住在巴格达的英籍犹太人大卫·沙逊于印度孟买创办，其长子阿拉伯特·沙逊子承父业，次子伊利亚斯·沙逊自立门户，于 1872 年在孟买开设新沙逊洋行。老沙逊洋行先于广州经商，在华销售英国纺织品和印度鸦片而成巨富，1845 年入驻上海，1861 年汉口开埠后入汉口经营。1917 年，设在汉口江滩美国花旗洋行右侧的老沙逊洋行大楼（图 1）内，曾设英商华昌洋行（CODDES&CO.）、蓝烟囱轮船公司、霍尔特公司等。1931 年《汉口特三区街道房屋图》上该行在长江边 12 号地块（11 号地块为太古公司，13 号地块为花旗银行），仓库在洞庭街 32 号地块（本文主图、今洞庭街 32 号）。该行于 1940 年歇业。

　　该楼为清水红砖墙，局部水泥砂浆勒脚。临街立面采用壁柱与窗户分割墙面，左右两边窗框花式颇具特色，檐口线条简洁明快。

英国景明洋行大楼

建筑物现在名称：景明大楼

原有名称：景明大楼

建筑物用途：（现）办公 /（原）办公

地址：（现）鄱阳街 53 号 /（现）英租界鄱阳街

结构：钢混

规模：地上 6 层，建筑面积 3668.85 平方米

设计年份：1920 年

设计单位 / 人：景明洋行海明斯、柏格莱

施工单位 / 人：汉协盛营造厂

建筑年份：1921 年

保护等级：湖北省文物保护单位

现房屋所有权人：武汉城投房产集团有限公司

现房屋使用人：武汉市发展改革委战略研究所

　　景明大楼 1921 年由英国设计师海明斯与华商沈祝三合作设计建造。该行拥有多名洋设计师，汉口华人建筑师亦大半出自该行。华人建筑师卢镛标后自建建筑设计所，汉口多栋著名建筑出其手。1938 年 10 月武汉沦陷后大楼被日军占领，海明斯回国，洋行歇业。1945 年抗战胜利后海明斯终老未归，大楼后成外侨公寓，美空军临时招待所曾设此。1948 年 8 月 7 日，楼内发生美军和外侨集体强奸中国妇女的恶性案件，国民党当局仅对几个中国人判刑而草草结案，被武汉人民斥之为"辱国辱民"。20 世纪 50 年代后，大楼曾为武汉市民主党派办公楼。

　　该大楼窗台以下为花岗石基座。二层以上由柱、梁、大玻璃窗作立面，三层正面设长阳台，两侧出挑多边形阳台，六层为方形短阳台。檐口挑出，平屋面，大门设悬吊雨篷。它属古典向现代派过渡建筑风格。

景明洋行大楼檐口装饰

出身于英国伦敦皇家建筑学院的设计师，景明洋行创建者海明斯工作照

俄国新泰大楼

建筑物现在名称：湖北储备物资管理局

原有名称：新泰大楼

建筑物用途：（现）办公/（原）办公

地址：（现）沿江大道 108 号/（原）俄租界尼古拉大街

结构：钢混

规模：地上 5 层建筑面积 3523.88 平方米

设计年份：1921 年

设计单位/人：景明洋行 Hemmlngs & Berkley

施工单位/人：永茂昌营造厂

建筑年份：1924 年

保护等级：湖北省文物保护单位

现房屋所有权人：湖北储备物资管理局

　　1866 年，继顺丰砖茶厂之后，俄商托克莫可夫和莫洛托可夫在汉口创建新泰砖茶厂从事中俄茶叶贸易，生意做得风生水起。1891 年 5 月 1 日 25 周年厂庆时，得来华游历的俄国皇太子（末代沙皇尼古拉二世）临幸，茶厂特制纪念茶砖。1917 年俄国爆发十月革命，汉口茶叶生意一落千丈。新泰洋行 1920 年在英国伦敦注册亚洲贸易公司，1924 年建新泰大楼，1942 年太平洋战争爆发后被日军强占，交由日本茶叶株式会社经营。至抗战胜利后其机器设备被悉数转运，成为空壳。至今，"新泰"还留有厂房、仓库、茶厂水箱楼等建筑遗存。

　　该楼三段式构图，基座、墙身划分明确、突出。入口设转角处，进门三角形主楼梯旋转而上，风格独特。顶部置精致椭圆形穹窿塔楼，为古典主义建筑风格。

1924 年改扩建的新泰大楼

1921 年新泰砖茶厂在汉口鄱阳街建造的仓库旧址

第六章

老城新生的助推引擎

　　江岸，武汉开埠兴源之地、城市近代化的起点，汇聚了汉口百年历史文化精华，堪称一座近现代历史博物馆。

　　江岸区内现有不可移动文物 193 处，市级以上文物建筑 62 处、优秀历史建筑 159 处、现存里分 71 处，占据全市一半以上。

　　2014 年，武汉市及江岸区启动保护汉口历史文化风貌街区，腾退置换、整旧如旧，持续推进活化利用，64 处文物类建筑、122 处优秀历史建筑和 103 处特色里分得到修缮，奏响老城新生的乐章。

　　建成于 1905 年的平和打包厂是英商在汉口早期开设的棉花打包厂之一，也是武汉现存最完整的早期工业建筑。

　　2017 年，由杭州多牛资本和江岸区国资公司共同启动平和打包厂文物保护性修缮工程，负责整体改造及运营，将其打造多牛世界时尚创意产业园。

整修前的平和打包厂，因常年风雨侵蚀，建筑老化严重，历年附加搭盖物达 2000 多平方米。房屋在原来在维修中常用水泥直涂，使建筑文物本体部分多处改变，对结构的完整性，坚固程度产生影响

为最大程度还原历史面貌，专业人员搜集老照片反复比对，从色彩、质地到工艺工法都采用传统手法修复，最大程度还原历史面貌，最大限度保留建筑历史价值。

在"留改拆"并举工作机制下，平和打包厂曾经的点滴细节都被保存完好——百年前的阜成红砖、喷淋消防系统、"燕子尾"钢梁、大钟楼……

经历百年岁月洗礼依然矗立的平和打包厂焕新蝶变，获评联合国教科文组织亚太地区文化遗产保护荣誉奖。如今，在平和打包厂内摄影打卡的游客最喜欢的合影背景就是记载着历史印记的风物。立体的生活日常与百年建筑交融，一切又有了新的惊喜。

作为汉口文创谷引进的首批启动项目，多牛世界结合区域产业发展优势，坚持把产业园区作为充分开发合作的重要平台，在园区建设与运营管理模式、机制上形成突破。

短短几年，园区就成功引进百余家企业落户，以时尚创意设计为代表的知味传媒、逸致生活空间、华晖佳宝等；以文化内容生产为代表的仁合书院、鹅社文化、知音号艺术发展中心等；以高端产品定制为代表的郁景欧韵家居、MUMO 木墨、鹤艺术实验室等，还有以新媒体为代表的阿里云创新中心、微梦传媒、十点半、人人视频等。园区企业总产值一度接近 3 亿元，正逐步形成集文化艺术、时尚设计、科技创意、网红孵化、新媒体内容生产等多形态的内容产业和人才聚集新高地。一波波年轻人的到来，再次激发起旧厂的青春与活力。

平和打包厂旧址内保留了多个历史阶段的标语、语录、口号，将建筑所持有的年代感以另一种方式展示出来，表现了浓郁的岁月留痕

平和打包厂文物保护修缮工程荣获 2019 年度联合国教科文组织亚太地区文化遗产保护奖荣誉奖

在江岸区，一幢幢百年历史老建筑，一大批保存完好的老里分、老房子，见证了城市的发展变迁。而今，随着城市的发展，这些老建筑、老街巷被赋予新的使命。

在留住城市记忆，延续城市文脉的同时，江岸坚持"留改拆"并举，统筹老汉口更新改造与新江岸建设发展。

作为江岸区城市更新的主要实施主体，武汉市江岸国有资产经营管理有限责任公司结合汉口历史风貌区的禀赋资源，通过实施保护修缮、里份腾退、景观提升、基础设施优化、产业植入"五大行动"，对历史建筑进行保护性修缮，对历史风貌区的老旧小区进行综合改造，对历史风貌区内的景观进行整体提升、改善周边环境，升级改造历史风貌区的基础设施，并引入新的产业、提升历史风貌区的经济活力，推动汉口历史风貌区的更新改造，努力让历史建筑的文化软实力成为江岸区经济发展的硬支撑。

在汉口历史风貌区的规划改造过程中，江岸区坚持保护与传承并重，坚持修旧如旧、保护城市肌理，并通过搭建资源平台，与国内顶尖商业运营资源衔接，实现历史建筑功能活化，片区文旅产业提档升级。

在公共空间提质和基础设施优化方面，江岸区对风貌区范围内黎黄陂路、胜利街、江汉路等特色街巷及重要旅游道路进行全要素改造及综合景观提升；结合海绵城市功能提升、一流电网建设等，全面推进胜利街等 21 条特色街巷、京汉大道电力通道等一批新建基础设施项目。

在老旧社区全周期治理方面，以长青广场、尚德里、太平里等 33 个老旧小区改造为重点，江岸区注重提升历史风貌区整体环境品质，完成保元里、汉润里、三德里等历史里份的腾退征收，通过"存表优里"的手法，为历史建筑活化利用和历史里份功能提升提供空间载体。

值得一提的是，江岸区在积极探索"老房子＋双创"发展模式上，已取得显著成果。未来，江岸区将加快汉口历史风貌区建设，在保护基础上利用好老建筑，留住城市记忆，引入创新动能，以参与引领城市产业升级为使命，打造老汉口文创产业人才聚集新高地。

（撰稿：万凌）

现在的平和打包厂，许多老物件将唤醒人们的念想，英国曼彻斯特和伦敦建造的消防喷淋报警系统和保存完整的供水阀门、水房压力表，成为厂区内汉口早期工业遗产的见证

第七章

汉口民居助兴业

里分的故事

> 作者：王琼辉，武汉城市历史文化专家，汉口老里分原住民

城市与乡村的区别是建筑，建筑是城市的明显标志。"建筑是石头写成的史书"，它是社会、经济、文化和科技的产物。江岸区现存的里分具有多种不同的建筑风格，既是西式低层联排住宅和中式四合院的结合体，是东西方建筑文化交汇的产物，也是武汉现代早期居民建筑的重要形态。

"大雅若俗，大道至简。"在汉口江汉路的南端，有三条里分不叫什么里，而称为"村"（准确写法是"邨"，现已简化），这一点与上海的四明村、裕华新村、永嘉新村相似，分别叫上海村、江汉村和洞庭村。依次兴建于 1923 年、1934 年和 1936 年，西风渐进，各自建筑风格迥异，由来已久。

上海村的来由有两种说法，一说最初也叫至强里，1923 年由上海银行投资兴建，1925 年改名鼎安里，1927 年用作上海银行职工宿舍，改名上海村。又据《武汉市志城市建设志》，上海村是"1923 年华商李鼎安投资所建，共有砖混房屋 27 栋，其中三层住宅 18 栋，四层铺面 9 栋。原名鼎安里，后抵押上海银行，改名上海村，是高等里巷住宅建筑"。

现在的江汉村最早其实是两个里分，靠近鄱阳街的一段叫江汉村，而靠近洞庭街的一段叫六也村。《武汉地名志》记载："先是盐业银行投资兴建西段楼房，称江汉村。1934 年开始兴建，共有三层砖木结构住宅 7 栋。由汉昌济营造厂承建，造价 7.5 万元。随后，华商刘根太建 1 栋，由景明洋行设计；华商柴海楼建 1 栋，由工

程师卢镛标设计；均由李丽记营造厂承建。1935 年后，富商柴海楼在东段建楼成里，称六也村。两村相通，名称均沿用至中华人民共和国后。1967 年合并统称江汉村。"江汉村的得名，与邻近江汉路和江汉关有关，而六也村的得名要深奥得多。《中庸》曰："天地之道：博也，厚也，高也，明也，悠也，久也。"合起来有六个"也"，这也许是全武汉里分名称中含义最难懂得了。

江汉村、六也村建起后不久，1938 年 10 月武汉沦陷，工商业凋敝，直到抗战胜利后才慢慢复苏。

洞庭村在西段于 1936 年由胡、宋、蒋三家投资合建，取名同德里，取"有福同享""同福同寿"的吉祥含义。合建的四栋联排住宅中，1 号和 3 号为三开间，2 号和 4 号为双开间，立面形式保持一致，形成连续的韵律。比较特别的是，这四栋住宅的二楼阳台相贯通形成回廊；屋顶的露台也是连通一体的，三家人可以在一起聊天、喝茶和夏天乘凉。同年，张、李二姓合资在东段建房成巷，因临洞庭街，取名洞庭村。1967 年与同福里合并统称洞庭村。

【不一般的住户】

上海村是汉口名列前茅的高等级住宅。置身汉口金融区的腋窝，更是身披着著名的上海商业储蓄银行的光辉。在汉口江汉路南侧，有着众多的银行大楼形

成银行圈和海关，如台湾银行、四明银行、中信银行、上海储蓄银行、中南银行，以及在附近扬子街的广东银行、江汉关等，这里银行、海关职员相对集中，过去海关被称为"金饭碗"，银行被称为"银饭碗"，为了职员的住宿，相应的这"三村"西式建筑应运而生。"三村"地段闹中取静，建成后出租率很高。一般租赁给银行高级职员、大商人、教授、作家编辑等。

在上海村，曾居住过市工商联主席、省佛教委员会主席马恭瑾、中国人民银行武汉市分行行长武庭瑞、副行长崔放民、民建秘书长但伯昆等六位名人。我家曾住上海村6号，在我家对面二楼曾是武汉歌舞剧院舞蹈家周安玲的娘家，其父也是上海储蓄银行高级职员。

江汉村、六也村先后出现过三个钱庄，江汉村有衍源钱庄与福源长钱庄，六也村有瑞隆钱庄。衍源钱庄与福源长钱庄的董事长均为胡芹生。

武汉解放后，江汉村里的居民成分逐渐变化，先是一些中南局的干部住了进去；1954年中南局撤销后，武汉市委的一些干部接替了他们。其中的江汉村8号，住二楼和住三楼的两个人经历很相似——他们为解放武汉而从事地下工作，新中国成立后分别担任市委两张报纸的负责人，晚年分别领导地方志工作和党史工作。住在二楼的是陆天虹，住在三楼的是郭治澄。

同福里1号和2号的主人是中国医士胡仁斋，房产曾用于开设医院（或称医寓）。和胡仁斋同时建房同福里4号的宋世醒，也是中国医士，宋世醒的侄子宋辉汉在江汉关供职，收入颇丰，他出资给宋世醒建造了同福里的房子，据说用了4万银圆。

另据考证，同福里的建造者之一为武汉华商中著名的刘氏三兄弟。刘家的房产是同福里8号刘氏三兄弟指刘鹄臣、刘逸行、刘季五，他们最大的名声来源于——纱和震寰纱厂的建设。

此外，华裔旅美作家聂华苓1925年出生于武汉，在

"大雅若俗，大道至简。"在汉口江汉路的南端，有三条里分不叫什么里，而称为"村"（准确写法是"邨"，现已简化），这一点与上海的四明村、裕华新村、永嘉新村相似，分别叫上海村、江汉村和洞庭村。

汉口同福里等处居住过。20世纪60年代中期，洞庭村1号胡家门栋里曾入住一个老干部家庭。老干部叫程志远，曾任湖北省水利厅副厅长，有一子四女，有三间住房。

【独到的建筑风格】

上海村为主巷型布局。有三条平行于江汉路的东西朝向的支巷道。但与其他里份不同的是，它的主巷道并不是最宽的。三条平行支巷道中最邻近江汉路，即临街房子背面的支巷道，宽6.4米，主要便于沿街商户的后门交通。三条平行支巷道的中间一条最宽，达7.5米。最深处的支巷道宽约4米，虽说属于封闭式道路，但前两条平行支巷道东端均通鄱阳街。每条巷道中间略高，两侧均有排水沟，下大暴雨一般不会淹水。

上海村的住宅单元没有前天井，只有前客厅。其平面布置虽然继承了传统的三间式及两间式布局，每开间宽约4米，设有后天井，围绕后天井布置宽大的厨房和卫生间。楼梯均为水泥桃花石形，一楼到二楼

楼梯有点旋转式。前房的通风和采光直接面向巷道，后房采光略比前房差一点，但也借助后天井不那么黑暗。临街的9个住宅单元的屋顶为坡顶外，其余的住宅单元屋顶均为可以供人使用的大平屋顶，几家可以通用，晾晒、孩子们玩耍和夏天乘凉。除临街的9个住宅单元为四层外，其他住宅单元均为三层。房内空间高，铁窗户宽大并带有百叶窗，阳光直接洒满房间。

最为亮丽的是上海村临江汉路一侧为"文艺复兴式的沿街建筑立面"，它"追求整体的和谐、稳定，力求对称"。

立面纵向采用三段式，最下面一段为底层，高档商业面铺，曾开设过华美药房、上海泰康糖果饼干公司、亨达利钟表店、英国资本家周鼎和的商行等；中间一段为二、三层的住宅，最上面一段为四层住宅。立面横向采用五段式，总共分为12个开间，由西至东立面五段分别为2开间、5开间、2开间、1开间和2开间。整个立面由柱式组织，壁柱是简化式，既沿袭了传统文艺复兴式建筑的特点，又给人以朴实大方、简洁和谐的感觉。

立面的窗户和门为方形。横向的第一段、第三段和第五段的二、三层立面窗为四扇，其余各段为三扇，整个立面的变化富有节奏和韵律，而第一、三段的顶层变为老虎窗。上海村的沿街立面与其西侧的中国工商银行（原上海商业储蓄银行）连成一体，交相辉映。

江汉村也与众不同，地面略高于马路，有一个小坡上去，两旁的民居建筑风格各异。江汉村整体规模不大，只有26栋二层楼或三层楼住宅。里分平面布置也很简洁，只有一条主巷道，住宅分布于主巷道两侧。主巷道全长163米，宽5米。

江汉村是由多个投资人建造的，建造时间前后经历约5年，因此每栋住宅式样不一。江汉村的住宅平面形式有三间式、二间半式、二间式和一间半式。在江汉村，既有西式圆拱门洞形制的别墅式联排住宅，也有中西合璧式的庭院式住宅。

江汉村的设计者之一是浙江定海人卢镛标，他吸收西方建筑和中国建筑的不同特点，在武汉设计了四明银

行、中国实业银行、中一信托公司和中国国货银行等脍炙人口的建筑。而江汉村更是在汉口近代里分设计中独树一帜，形成杂糅多种元素、自由多变的清新风格。比如屋顶有平屋顶、坡屋顶；坡屋顶有东西向、南北向；有的有天井，有的没天井。单从入口平面形式分类就有门斗式、天井式、院落式及各种变体等形式。

虽然江汉村户型不同，屋顶形式不同，天井位置不同，但是又异中求同，建筑高度基本相同，建筑质量比较平均，细部装饰较统一，建造材料统一，于是形成了风格统一、造型丰富、识别性强的自我特色。这在里分建筑中是少有的，也是现代城市规划应该借鉴的。

洞庭村内住宅平面形式丰富，包括"一间半式""两间式""两间半式""三间式"四种基本形式和若干变体，其中以"三间式"为原型。洞庭村的住宅为红瓦屋面，红砖清水外墙，砖缝细密，装饰以水泥铁花栏杆与水磨石雕花门楣，由房地产公司统一开发，划分宅基地出售，而由业主自主设计建设住宅这种开发模式能够吸引高收入的消费者，满足他们对住宅不同个性需求。各栋住宅之间的形式虽不相同，但风格上保持一致，细部装饰既各有特色又相互呼应，整体和谐统一。

【结语】

西方人习惯把建筑比作凝固的音乐，其实建筑更真实的是凝固的历史。不同时代的精品建筑在展示建筑风格的同时，也在叙述历史和文化。透过里分，建筑也包含艺术与人文信息。

有人曾比喻，硚口是汉口之根，江汉是汉口之魂，而江岸则是汉口之心。"窥斑见豹，知微知著"，江岸区"三村"建筑，体现了汉口文化由河文化向江文化的转变形成，体现了当时汉口金融、海关行业和新型现代生活的发展。

改造后的里分入口

改造后的里分背面

今日漫步于上海村、江汉村和洞庭村，出门即街，闹中取静。不由发出一些感叹，在千城一貌，南北雷同的现代住宅小区开发建设中，近代里分的现代性和地域性追求，在今天，也有着极为重要的借鉴和启示。

三德里

建筑物现在名称：三德里

原有名称：三德里

建筑物用途：（现）住宅／（原）住宅

地址：（现）中山大道，海寿街口／（原）法租界西贡街

结构：砖木规模：地上 2~3 层，建筑面积 12361.86 平方米

施工单位／人：南里（不详）；北里：明昌裕营造厂承建

建筑年份：1901 年

保护等级：武汉市优秀历史建筑

1901 年由浙商刘贻德三兄弟所建，后由义品洋行挂旗经租。浙江湖州"南浔四象"之首刘镛的次子刘锦藻，堂号贻德堂，亦称刘贻德，清末甲午科进士及第。刘氏名声在于整理文献，中年以后穷 20 余年之功力，于 1921 年编成 400 卷《清朝续文献通考》，为著名政书"十通"的收官之作。在南浔建有藏书楼"嘉业堂"。1934 年病逝于上海，终年 73 岁。三德里历史印痕丰富：1916 年 7 月 22 日，云南驻汉政学商界在 36 号创办《大中华日报》；1927 年大革命失败后，中共早期领导人向警予在三德里 27 号被捕，牺牲于汉口余记里空坪；20 世纪 30 年代，法国人那嘉利在此开设那嘉利汽水厂；1937 年全面抗战爆发后，周恩来英文翻译、后任联合国副秘书长的冀朝铸曾居住三德里；台湾地区国民党秘书长李焕少年时期曾居 25 号；另有时记照相馆、应元记车行、邹协和金号、波衣也琴行等曾在此经营。其为汉口早期石库门里分建筑，有住宅 112 栋，分南里、北里。

民国时期在三德里租屋经营的应元记车行

三德里鸟瞰

泰兴里

建筑物现在名称：泰兴里

原有名称：泰兴里

建筑物用途：（现）住宅 /（原）住宅

地址：（现）洞庭街 73 号

结构：砖木

规模：地上 2 层 17 栋住宅

建筑年份：1907 年

现房屋使用人：各公房承租人

泰兴里是汉口唯一带院子的单栋联排里分，由俄国茶商建房成里。里分建成后，委托汉口著名房地产经纪商义品洋行管理。1908 年，上海巨商叶澄衷"挂旗"购置了泰兴里。泰兴里 18 号曾是以詹天佑为会长的"中华工程师学会"所在地。这里抗战胜利后曾发生一件公案：湖北黄冈人方本仁，从军界起步，曾任湖北省代理省主席，后弃政从商。1938 年 10 月武汉沦陷后，因母亲去世从重庆奔丧回黄冈，后在泰兴里当寓公。抗战胜利后，某"接收大员"接收敌产，查抄了方宅。后该"接收大员"受到贪污指控，并被通缉，方的家具陆续被追回。1945 年 10 月，董必武经武汉去重庆参加国共谈判，被方安排入住德明饭店，并每日为其备膳。1949 年 5 月武汉解放前夕，方坚辞白崇禧请他担任湖北民军总指挥，留在武汉迎接解放。

该里分为单栋联排形式，"一巷一口"主巷型布局。住宅均红瓦屋顶，下有架空层，半拱圆窗，局部有外廊。带有 18 世纪英国在印度及东南亚一带为适应炎热气候而设计的所谓殖民地建筑特点。

保元里

建筑物现在名称：保元里

原有名称：保元里

建筑物用途：商业

地址：保元里1号

结构：砖混

规模：地上2~3层建筑面积4145.47平方米

建筑年份：1912年

保护等级：武汉市第九批优秀历史建筑（二级）

现房屋所有权人：武汉文化旅游集团有限公司

保元里的建筑风格独树一帜,其蕴藏的历史片段也耐人寻味。

整体空间布局充分考虑街道地势,沿保华街弧线的走向建造,颇具空间识别性,临街商铺的外立面装饰典雅,富于韵律美感。内部第二、三层为住宅,屋檐口有山花装饰,檐口上建有女儿墙,外墙假麻石粉饰。

民国年间,国学大师熊十力曾两次住在这里。1937年抗战爆发后,熊十力从北平返汉,暂居保元里2号其襟兄王孟荪家。王是银行家,平素对熊十力多有资助。1946年春,熊十力回到武汉,又在保元里王家借住。熊十力平生有一夙愿,即创办一个民间哲学研究所,因经费问题始终难以实现。

民间流传,蒋介石令陶希圣转告湖北省主席万耀煌,送100万法币给熊十力办研究所,以示关怀。万派人携巨款到保元里,被熊十力拒绝。

1947年童式一在汉口开办的华中经济通讯社,设于保元里9号童家。时任中共武汉地下市委书记的曾惇及地下市委其他等人,均以通讯社"主笔"身份为掩护,开展地下工作。1949年5月15日,在国民党军溃逃、解放军兵临城下的"真空时期",曾惇和地下市委在9号楼设立临时指挥部,用一部电话指挥武汉390多名地下党员,秘密掌控三镇的一举一动,直至解放军进城。

保元里初建业主为曾任上海道台的桑铁珊,1947年保元里业主变成湖北省银行。

保元里巷道

汉润里

建筑物现在名称：汉润里

原有名称：汉润里

建筑物用途：住宅、街面底层为商店

地址：（现）中山大道 952-960 号 /（原）英租界湖北街

结构：砖混

规模：地上 3 层、35 栋，占地面积 9122 平方米，建筑面积 29050.25 平方米

设计年份：1905-1917 年

建筑年份：1912 年

保护等级：武汉市优秀历史建筑

现房屋所有权人：武汉城投房产集团有限公司

现房屋使用人：各承租户

　　1917 年始建，业主周五常为江西人，在汉经商致富，润泽乡里，取名汉润里。周建房中途破产，转卖程复兰（程沸澜）、程子菊叔侄，由英商通和洋行"挂旗"修建，1919 年竣工。1967 年改名兴国一里，1972 年恢复原名。1921—1948 年大批钱庄曾在此扎堆。1918 年金城银行汉口分行设汉润里至 1930 年新楼建成。大孚、聚兴诚银行初期亦设此。北伐军攻占武汉后，华商总会、《时事类编》《大公报·汉口版》及武汉新闻记者联合会曾设此。名士余洪元、梅兰芳、金少山、胡风等曾涉足其间。1937 年 9 月董必武到武汉，住 42 号熊子民家。1948 年 1 月，马哲民、李伯刚等在汉润里 32 号唐午园家秘密成立民盟汉口市支部筹委会，中共中央南方局武汉市委（地下）成员郭治澄、林霁霞隐居汉润里，为迎接武汉解放开展工作。大汉奸叶蓬抗战胜利后在此被捕，后被法办。汉润里与金城银行隔路相望，北通文华里，南临宝润里、崇正里。全长 125 米，石库门式三层住宅，下店上宅，临街部分为街屋式，时为中等里巷住宅建筑。

1925 年 6 月 11 日，汉口码头工人罢工，遭湖北督军肖耀南派出军警配合英军向游行队伍开枪射击，制造了汉口"六一一"惨案。此图原图解："此系六月十一日夜，汉口英租界惨变后之光景，图中市街、系湖北路（现中山大道）左为汉润里、右为新昌里。"

上海村

建筑物现在名称：上海村

原有名称：致和里、鼎安里、上海村

建筑物用途：住宅、街面底层为商店

地址：（现）江汉路和鄱阳街口，主入口处正对花楼街

结构：砖混

规模：街面 4 层、住宅 3 层，共有房屋 27 栋，建筑面积平方米

设计单位／人：英国建筑师 Frank Baines

建筑年份：1923 年

保护等级：武汉市优秀历史建筑

现房屋所有权人：武汉城投房产集团有限公司

现房屋使用人：各承租户

上海村源头有几种记载，《汉口租界志》：1923 年华商李鼎安投资兴建，原名鼎安里，后抵押给上海银行，改名上海村；《武汉地名志》：1923 年由上海银行投资兴建，始名至强里，1925 年改名鼎安里，1927 年用作上海银行职工宿舍，改上海村。也有资料认为前身系唐义衢的致和里，后出售给上海商业储蓄银行和保险商李鼎安，得名鼎安里。1925 年李到上海创办铁厂，将其抵押给上海商业储蓄银行汉口分行贷款 10 余万元，后经营失败，鼎安里成了银行房产，改名上海村。华商李鼎安为汉口著名保险商人，武汉沦陷时出任伪武汉治安维持会财政局局长，后任伪汉口特别市商会主席。上海村承载的商业、政治历史如下：临街有华美药房、中央药房、亨达利钟表店等；其一侧为上海银行大楼，另一侧是湖北省银行大楼；汪伪时期市立医院曾设鼎安里鄱阳街口；1938 年郭沫若在武汉最后落脚点在上海村，曾在此接待过途经武汉的朱德。

20 世纪 30 年代的上海村（右侧）

同兴里的石库门形制

同兴里

建筑物现在名称：同兴里

原有名称：同兴里

建筑物用途：（现）住宅 /（原）住宅

地址：（现）洞庭街 83 号

结构：砖混

规模：地上 2 层，建筑面积 13649.72 平方米

设计单位 / 人：义品洋行

施工单位 / 人：武昌协成土木建筑厂、永茂隆营造厂

建筑年份：1928-1932 年

保护等级：武汉市优秀历史建筑

现房屋所有权人：武汉城投房产集团有限公司

现房屋使用人：各公房承租人

　　《武汉地名志》记载："原是大买办刘子敬私人花园，1928 年前后，由徐、胡、刘等十六家，在此建楼房 25 栋，形成居民区，以美好愿望称同兴里。"《汉口租界志》称："1932 年由华商周纯之等人投资建成。1967 年曾改名'烽火一里'，1972 年恢复'同兴里'原名。"刘子敬，华俄道胜银行和俄阜昌洋行买办，创办震寰纺织公司，中国红十字会汉口分会会长，汉口华商跑马场董事长。同兴里巷口建筑为梁俊华公馆，其为法国东方汇理银行汉口分行买办，时任浙江实业银行经理。同兴里曾有数座钱庄，如 3 号是祥发钱庄，董事长贺衡夫、总经理王正宇；8 号是瑞怡钱庄，董事长何粤楼、总经理何瑞士；9 号是晋安钱庄，董事长潘用五，总经理范浙门。武汉解放前夕，时任中共中原局社会部情报工作二组组长彭其光设秘密电台于同兴里 21 号，为促成国民党张轸部队起义，为武汉解放做出了贡献。21 号刘姓商家女儿刘虹、大儿媳桑岱久亦为中共地下工作人员。武汉解放时江汉关上升起的红旗为他家赶制。该里份全长 230 米，东通洞庭街，西出胜利街。40 余栋石库门房屋为单元式组合，内空高，进深大，装百叶窗。外墙仿麻石粉刷，门窗上缀精致花饰。在 2016 年中山大道综合整治时，由江岸国有资产经营管理有限责任公司作立面改造。

修复后的咸安坊一角　　　　　　　　　　　　　　修复后的咸安坊鸟瞰

咸安坊

建筑物现在名称：咸安坊

原有名称：咸安坊

建筑物用途：住宅

地址：位于胜利街，介于南京路与北京路之间

结构：砖木

规模：地上 2 层；建筑面积 16362.19 平方米

施工单位 / 人：汉兴昌、袁瑞泰、阮顺兴等 4 家营造厂

建筑年份：约 1915 年

保护等级：武汉市优秀历史建筑

现房屋所有权人：珠海华发置业有限责任公司

　　该里分北段由业主王奇峰等七人 1932 年合建，称同仁里；南段 1933 年由业主张韵轩等合建，称咸安坊；中段称启昌里、德永里，亦同时建成。1967 年里坊合并，改名灭资里，1972 年统称咸安坊。在《武汉市志·城市建设志》"1947 年汉口市各大里份房屋业主调查表"中，咸安坊业主为黄少山等 12 人，德永里业主为张韵轩等 5 人，同仁里业主王春华有房屋 6 栋。现在提及的咸安坊，一般表述为监利人黄少山所建。20 世纪三四十年代，坊内有票号、钱庄 20 户，居民多为非富即贵之人。咸安坊 15 号房主黄少山、汉口"棉花大王"；张韵轩、大冶源华煤矿大股东；王春华曾任兴记新市场（民众乐园）董事长。陈伯华曾租住咸安坊，在此邂逅原冯玉祥部参谋长、商人刘骥，结成伉俪。女作家萧红、航运巨头卢作孚、药业大王陈太乙、辛亥老人喻育之亦留足迹。1949 年后收归国有，作为公房安置南下干部、企事业职工等居民。里分全长 320 米、宽 6 米，多条巷道纵横交错，"里中有里"。住宅前后设天井，室内由金属材质窗户、通风口和打蜡的地板构成，当年这种"钢窗蜡版"为高等石库门里弄的标志。

江汉村 / 六也村

建筑物现在名称：江汉村

原有名称：江汉村 / 六也村

建筑物用途：（现）居民住宅 /（原）居民住宅

地址：位于江汉路、上海路之间，村巷横贯鄱阳街和洞庭街

结构：砖木

规模：3 层 28 栋，建筑面积 11609.05 ㎡

设计单位/：卢镛标建筑事务所、景明洋行

施工单位/人：汉昌记、李丽记、康生记、倪裕记营造厂和明巽建筑公司

建筑年份：1934-1936 年

保护等级：武汉市优秀历史建筑

现房屋所有权人：武汉城投房产集团有限公司

现房屋使用人：各承租户

　　江汉村早前为两个里分，1934 年，盐业银行投资兴建西段（鄱阳街段），称江汉村；1935 年后，柴海楼在东段（洞庭街段）建楼成里，称六也村，两村相通，名称沿用至中华人民共和国成立后。1967 年合并统称江汉村。也有记载刘根太、王毕双、郑硕夫、胡芹生、倪裕记、吴鑫记等参与兴建。郑硕夫、义品洋行副买办、柴海楼、汉口房地产富商，曾任汉口市房地产业公会理事长。江汉村曾设衍源、福源长钱庄，董事长胡芹生曾在汉润里开厚德钱庄、鼎安里开衍源钱庄、胜利街 136 号开宝兴生记钱庄。1951 年 9 月他有三家钱庄并入武汉联合商业银行。六也村瑞隆钱庄庄主周纯之为汉口钱业公会常务理事。武汉解放后，住江汉村 8 号二楼的陆天虹和三楼的郭治澄同为中共地下工作人员，中华人民共和国成立后分任《长江日报》《武汉晚报》负责人，晚年分别领导地方志和党史工作。江汉村为汉口新型里分住宅。

江汉村入口及周边近影

第八章

老通城的一个世纪

老字号的故事

❯ 作者：曾宪德，武汉城市历史文化专家，老通城创始者曾厚诚后人

直到 21 世纪初，在武汉打听老通城，无论找谁问路都行。还流传这样一句话："不到老通城，不算到汉口。"不过汉口有名气的小吃店真还远远不止老通城。

无论多有名的小吃，最早都是来源于民间。当流落到城里的小农寻找生路时，往往只得拿出自己的"看家本领"，用投资少的厨艺摆小摊，展示出了热干面、豆丝、汤圆、汉沔三蒸、煨汤等小吃，由于价廉物美，受到市民青睐，一些慢慢做稳、做大，成为市民认可的传统名吃。

【从卖花红茶开始创业】

从 1905 年张之洞拆除汉口城堡后，中山大道的前身慢慢形成，成为汉口的脊梁。到武汉沦陷前，已沿着它形成了从汉口"高头"到"底下"的四个餐饮龙头地段。

靠近汉口的真正母亲河汉水的，是以汉正街、长堤街为代表的、原始夏口镇的"华界"。除了乾隆早年就出现的"汪玉霞"，还有家祖父（老通成的创始人曾厚诚）创业时曾偷经学艺的一个"师父"：谈炎记，而在他们附近，竞争对手也不少。可能很多人知道老锦泰、刘瑞和，而从六渡桥到江汉路（下面不再全面列举地名变化），则是汉口的第二个也是最大的繁华地带。名气最大的有家祖父为了偷学艺被"逮到"结成好友、在中山大道与江汉路交会处的汤包馆四季美，还有老通城只能仰望的：20 世纪 30 年代来到武汉，不到五年就有了四个支店的冠生园。至于黄陂街花楼街清芬路等，生意好的小吃店可以说星罗棋布。

其余两个饮食片都在江岸区了。

直到 20 世纪中叶，江岸区被租界占据了现中山大道和长江间的大片土地。直到英租界收回前，这里的华人居住区都比较贫困，还没入"华界"商眼，比起那两片土地气势小许多。本文重点谈的就是排在"第三"的大智路口，收回英租界后开始冒头的通成（老通城）、祁万顺、小桃园、五芳斋等（到 20 世纪 80 年代，还崛起了吉庆美食一条街）。不过直到中华人民共和国成立前，这里纵深都比不上前两个饮食区。

而第四片区以车站路（旧时的法租界）为代表，则显得更为袖珍。到底下的德、日租界就难找到餐饮热点了。

无论名店还是小店，它们的形成崛起都经历了漫长的艰难历程，特别是在我们这座多次为中华民族扛起历史重担的光荣城市。

辛亥革命阳夏战争中，冯国璋带清军采用"火攻"几乎毁掉了大半个华界。我奶奶对我回忆："太平"后是"满街的死人"，"踩上去肉唧唧的发臭垃圾，

下脚的地方都没有"，到处是绝望的"号哭声，呛人的、焚烧死人的恶心气味几个月都不散"，随处可见的乱兵抢劫和斗殴。满街的乞丐，到处可见插着草标待卖的女孩。一些兵不像兵、民不是民的人在废墟摆地摊、卖趁战乱捡来的东西。爷爷曾厚诚为了一家三口活命，从一个"兵爷"手上买了木桶、陶壶和一摞粗瓷碗，又在另一地摊买了袋花红茶叶。

汉口大智门车站被火攻炮打成了废墟需重建。循礼门便成了临时货运站，附近人流量很大。爷爷就在一个未完全毁掉的旧货棚与货站外一个养马场间的墙角，在给地痞交了"保护费"后，捡来了几块破木板搭个小地摊，卖起了大碗茶。

穷人的缘分让人心酸：就在他附近，有个挑担卖"杂面发糕"的黄陂人祁大爷和祁大叔（爷爷这么称呼他们）。他们父子本钱"大"得多，有时是两个担子上街，一个卖蒸杂面发糕，一个卖水饺。等候的"扁担客"是一阵阵的，有时也空无一人。他们自然就慢慢混熟了。以后祖父曾厚诚也挑汤圆小担叫卖过，又到北京街"汉大舞台"当茶房头，积攒了几个钱，用我祖母蒲守道当十年"梳头丫鬟"积攒的十个银圆"起家"，在吉庆横街办起了夫妻汤圆小店"后城汤圆"。

【时代浪潮中的汤圆店】

民初出版的汉口地图上，可以看到大智门外这段称为"横街"的路，是比棚户稍强一点的、宽窄不定的杂乱居民区。临"街"多是格式不一的砖木结构和木泥结构的两层楼房，街背面则散布着杂乱的泥坯房、芦编房。

祖父心中的榜样是武昌的"曹祥泰"，他一生对员工反复讲述，曹南山刚起家时，在武昌"提篮子卖蚕豆"，

把竹筒量满后，总要用手抓一大把给人再添上。日子一长，人们都喊他"曹大把"，点着买他的。于是祖父挂在口边的座右铭是"要舍得把他们吃"（汉阳方言）。

七十多年后，我竟然和曹祥泰后人曹文富、祁万顺后人祁宪德一起都在汽发厂工作，住在同一栋宿舍楼（现待拆）。缘分！

回到正题：手艺上，除了我前面讲的偷偷学习"谈炎记"的水饺，我父亲还讲过爷爷的一个笑话：祖父听说花楼街交通巷口有个南京来的徐师傅猪油葱饼做得特别好，就和厨师淘气悄悄跑去买来吃了，然后自己试着做了几个，揣在身上捂着，又一起去交通巷买几个徐师傅做的，跑到外面街上，一手拿自己的，一手拿他的，两人左咬一口，右咬一口，细细比较品味出了不足后，回来调整配方再做几个。然后第三次又去买它的，又躲在街角，正左一口、右一口比较出了点"成就感"时，有人在背后拍他们的背，让他们大吃一惊！那人友好地说，我是蔡甸来的田玉山，能不能把你们做的也给我尝下啊？爷爷很尴尬地将自己咬过的撕干净后，将剩的两个半边递给田老板。于是多了一个站在路边左一口、右一口的人。田玉山吃惊道："我还真吃不出来哪个是我的了，两位在哪里发达？要不来我这里，工钱由你家先说。"爷爷乱了方寸、只得随便含糊对付了几句离开了。但十年后，爷爷作为"通成饮食"店的老板，与"四季美"老板田玉山成了经常往来的好友。不过再没偷学后者的汤包。

后城汤圆这里靠近租界，靠云樵路方向是乡里人进城卖菜和城里人买菜的一大集市（后成为交易街菜场），人气不小。而英租界加上再远一点的俄、法租界，大小工厂不少，那些工人早晚路过这边的不少：像界限路（今合作路）口对门就有家肥皂厂，加上北京街

1958 年，毛主席多次光临老通成惠济支店，并称赞说"豆皮是湖北的风味，要保持下去"。

口的"汉大舞台"，宝顺街（现天津路）口的"新民茶园"，还有界限路（今合作路）口的两个小一些的茶园和一家赌场，都是客源。果然生意不断向上，到 1925 年，曾家还率先在吉庆街开了挑灯夜市（当时没有路灯，点煤油灯和小"煤气灯"），最受欢迎的是面食小吃和洑汁酒小汤圆。

1924 年底，老友祁家也看中了这一片的人气，祁家大叔还带儿子祁海洲专门来了曾家的汤圆店，老友重逢。几个月后，祁海洲在大智路上（吉庆街口的斜对门，后解放市场位置不远、双号边）租了家门面，开了一家水饺馆"祁万顺"。

1927 年，国民党反动派对革命党人进行了残酷的大屠杀，作为屠杀场余记里近处的吉庆街再无法经商。奶奶曾对我回忆：余记里"那边天天响枪杀人，有时一天杀几回，满天都是死人的臭味，恶心死了，门窗都不敢开"。"杀人要五花大绑在我家门口游街，还有女的，嘴巴塞了泥巴坨子、用布带子勒紧，不许她喊！"

曾家的后城汤圆店被迫关门。

【通成饮食之始】

1928 年，湖北省银行在大智路口建起了一排三层的门面楼房招租，当时这边没有商家看好。我爷爷则看准了大智门发展前途，将消息告诉了老友，并大度地将一号让给了当时比他实力略强的祁家。祁家在一号开办了"祁万

顺"餐馆，祖父则果断地咬牙租下了三号，开办了"通成饮食"店，于 1929 年开业。右隔壁 5 号是米店，7 号是杂货店，9 号是布店（后为"得利车行"）。除这五家门面房外，再往前不远到吉庆街口，还出现了一家简陋些的楼房"一洞天茶楼"，也曾受市民、抗战中流亡人士欢迎，是至今未见回忆的消失名店。"到通成就吃汤圆，喝茶就到一洞天。"

曾、祁两家既是多年的"穷朋友"，又是以后多年的"富对手"。两家都要用背后的公新里的通道搞杀鸡压面等作业，但从未有过见利忘义、争抢地盘和"以邻为壑"的矛盾。在偷经学艺竞争时，也不乏互相请教交流。

"通成"和"祁万顺"经营的品种一度很接近，早上汤食以甜为主，如洑汁酒、汤圆，也做点汤面、热干豆丝等，"干食"有葱油饼、油煎糍粑、油香、甜发糕、蒸笼包子、烧卖、生煎小包等。顾客多半是上班的工人和小职员等，喜欢用荷叶包上边走边吃。中午顾客就以一般市民及中学生为多，供应大肉包、葱油饼、清汤水饺、榨菜肉丝面、蛋炒饭、盖浇饭。下午五时起是晚供应高峰，比中午又增加了多种汤面、生煎锅贴饺、锅贴包、油糍粑、油香，甜糍粑、炒年糕、莲子羹等。等夜间 10 时过后，大光明、大舞台戏院都散场了，顾客便蜂拥而至"宵夜"，达到一天营业最后的短高峰。还有应时俗增加的品种，如正月十五元宵、五月端午时令元宵、粽子、夏季的八宝稀饭等。

一般来说，祁万顺的包子和葱油饼、锅贴等"干面食"做不过通成，而通成的"汤面食"像汤面、肉丝面、水饺、米粉、疙瘩汤等，在头两年就比不上祁家。

1931 年，武汉被大水淹城，曾厚诚由于经商远见，事先借款储备了足够的物资。在被淹的日子，曾家全家长幼分别坐上备好的木船，和店员划到街巷、用竹竿吊熟食篮，递上跳板桥和二楼窗户，卖给急需的顾客，

经营直线上升。水灾后，武汉半数多餐饮店萧条或停业。通成竟一枝独秀。祁海洲之父赞叹不已："这一墙之隔，曾家能沾到么香瘾（武汉方言，意为占便宜）？别个是凭本事哪！"

1932年炎夏将至，通成利用法租界和利冰厂，率先在汉口推出了成本低、制作工艺简单的冰镇绿豆汤和冰镇伏汁酒，博得了酷热中的汉口人青睐，生意"爆满"，利润却比卖熟食高出好几倍。

1934年，曾厚诚看到大智路口人气已大增，果断租下右手边中山大道的两栋三层楼房和大智路1—9号所有的楼上，除1、3号二楼经营餐饮外，都用来开办了"大智旅舍"。虽说初投资大，但他认定"汉口不是高档饭店，就是低档通铺，我要办就办商人、读书人喜欢的中档旅舍"。除了一步步还贷，因旅舍雇工少，被称为"赚钱的哑巴儿子"。

1935年，祁海洲又展示出弯道超车经营智慧，高薪请来大厨王师傅，推出全是用鱼的意头菜"富贵有余"小全席，由"脯（富）酥全鱼、糖醋鳜（贵）鱼、红油（有）鱼块、豆腐鲫鱼（余）汤"组成三菜一汤，颜色为白、黄、红、乳四种。从早到晚顾客盈门。

祖父和厨师们想起蔡甸一带乡间的传统食品"豆丝"，以大米和豆类（黄豆、豌豆、绿豆）混合磨浆，在铁锅中摊开烘烤成皮。切成窄条后，或煮或蒸，起锅快，适合作小吃。便推出了热干豆丝、汤豆丝、糊豆丝、牛杂豆丝，都卖得不错。继而听到说清朝道光年间就有的、武昌王府口"杨洪发豆皮"，又上门偷经学艺。设法雇了逃荒来的胡厨师，开卖"用猪油打底"的"蛋光豆皮"，让这一汉阳小吃登上大雅之堂。

这时，曾厚诚的大儿子曾昭正（本人父亲）让大智旅舍成为爱国学生运动的重要活动点，为"12·9"运动做出了贡献，被尊称为"抗日饭店"。

1936年中秋时节，祁万顺又推出新的酥点小吃，有荷花酥、千层酥、菊花酥、月季酥等，而通成的本地特色菜"瓦罐鸡汤"打响，被口传"味道好、划得来"，顾客盈门，又汲取苏菜风格，经营菜系。还有了被口传的：钟长子、胡胖子、姜麻子、章狗子"四大厨师"。

1937年，随着冼星海、光未然等爱国人士流亡到汉，大智旅社免费接待了大量爱国流亡人士。曾厚诚还在云樵路口对面开办了"通成分店"，名义上让昭正（当时武汉救亡歌咏积极分子）经营。留下了很多不朽历史故事。

1938年10月，武汉沦陷，通成和大智旅舍、祁万顺都被迫关门，两家人流亡。

【从"老通成"到"老通城"】

抗战胜利后，五家老租户回到汉口，从接收大员"平汉铁路国民党特别党部"手中力争重租回了1—9号，曾厚诚重开了饮食店，改名"老通成"。这名字暗含了不向侵略者屈服而终于胜利的精气神，武汉顾客出于怀旧和胜利情怀蜂拥而至。曾厚诚虽本钱元气大伤，却靠多年铸成的信誉，艰难地营造和维持着经营旺盛的表象。

面对人气上升，老通成扩充了二、三楼的营业，聘请了著名的广东李、陈二师傅，增设了广东卤菜，供应嫩肥带血的"柱候油鸡""广东文烧""烤猪膘肉"等，又聘来北京陈师傅在夏天精制冷食"冰镇酸梅汤""杏仁豆腐""豌豆黄点窝窝"等北方点心，其中"赤豆刨冰"最受欢迎。竟由这个餐馆引领着这一片的市面繁荣。

1947年，我父亲曾昭正以新思维介入经营，"买天不买地"投资在战火中成为废墟的大智旅舍旧地，建了"继诚烟号"。利润远高于老通成。

而祁万顺也不惜花费巨资装修店堂，聘请京苏大厨，很快超过战前经营水平。

家父在成功的底气下，又帮家祖父高薪聘请了高金安师傅，推出了用肉丁、虾仁、冬菇做馅料的"三鲜豆皮"。受到顾客大赞后，他又花近一千银圆，安装了改变大智路口氛围的两排巨型霓虹灯广告"豆皮大王""瓦罐鸡汤"，引起轰动，声誉越来越高。

抗战前，夏天是不卖豆皮改售八宝稀饭的，这一年却一反常规，伏天继续全天供应。当时几乎每周都有民航飞行人员大包小包买了，飞越海峡，带到台湾去享用。

曾厚诚又针对富人豪宴，投资在对街开办了一家"群宴楼"。但不久，因腐败政权苛捐杂税和通货膨胀的打击，老通成、祁万顺业务有所衰落。但在此期间，曾家还掩护武汉地下工委，为城市解放做出了贡献。终于苦撑过金融乱世，直到迎来中华人民共和国成立。

1954 年曾厚诚去世后，老通成被曾家遵其遗嘱捐献。1955 年 5 月，武汉市饮食公司正式接管"老通成"，成为武汉第一家国营餐馆。同年，老通成在惠济路开设支店。

在公私合营浪潮中，市饮食公司抽调了老通成一批骨干支援其他餐馆。例如王汉清到车站路"新兴楼"担任书记（后"豆皮小王"曾志成接任）。豆皮二王曾延龄之妻带着"瓦罐鸡汤"的秘诀调到兰陵路"筱陶袁"，让这个抗战末期由自谋生路的、天主堂医院厨工陶坤甫、袁得照合办、以煨汤为招牌的小店，成了"瓦罐鸡汤"的名店。合作路口对门的"五芳斋"也派去了人员支援。

祁万顺公私合营后迁到了汉阳西大街，与李金章小吃店合并。

1958 年，毛主席多次光临老通成惠济支店，并称赞说"豆皮是湖北的风味，要保持下去"。以后有刘少奇、周恩来、朱德、邓小平、董必武、叶剑英、李先念等国家领导人，外国元首金日成、西哈努克等都到过老通成。而武汉招待来汉贵宾最后一道压轴的，一定是三鲜豆皮。

20 世纪 70 年代中期老通成更名"老通城"，到 1989 年，老通城全年的营业额达 2000 多万元，成为当年全国餐饮业的销售状元，武汉餐饮的龙头，三鲜豆皮也获得了中国饮食行业最高的"金鼎奖"。

20 世纪 90 年代的老通城旧影

老通城

　　豆皮原为湖北农村的食物，以豆丝作皮，糯米、香葱作馅。清同治年间的武昌王府口"杨洪发豆皮馆"为武汉最早。"老通成"的高金安用糯米绿豆烫浆成皮，用肉丁、虾仁、冬菇为馅制成"三鲜豆皮"，成为武汉著名美食。

1958 年 4 月 3 日和 9 月 12 日，毛泽东主席莅临老通成惠济支店，品尝了由"豆皮大王"高金安、"豆皮二王"曾延龄、曾志成等掌勺制作的老通成豆皮。与"老通成"员工合影，二排右 4 为高金安。

老通城创始人曾厚诚的小儿子曾幼诚，1938 年参加新四军，解放战争时期任第三野战军团参谋长，中华人民共和国成立后任空军副参谋长、原济南军区空军副司令员等职。1955 年曾参与指挥解放一江山岛战役。

五芳斋

　　五芳斋酒楼，位于中山大道 713 号，由江苏南通人倪锦财于 1946 年创办。1945 年 10 月，精明的倪锦财预见到国民政府还都南京后，大批江浙人将离川回籍，于是，他将小店关张，顺江而下，于 1946 年 5 月在汉口中山大道大智路老通城豆皮馆附近搭起简易房屋，开设"上海五芳斋"商号，聘用江浙名厨，主营汤圆、粽子、糕团等江浙风味小吃。地处内陆中部的汉口，食客兼具南北口味，"五芳斋"调整宁波汤圆配方，增加橘皮、芝麻、桂花等配料，大受武汉人欢迎，被誉为"汤圆大王"，与老通城豆皮、四季美汤包、蔡林记热干面齐名，被戏称为"四大天王"。中华人民共和国成立后 1956 年，五芳斋实行公私合营，1966 年曾改名"红卫饮食部浙味餐馆"，1979 年恢复旧名为"五芳斋酒楼"，1995 年，被贸易部授予"中华老字号"称号。在国内餐饮市场的多年发展中，全国存在多家以"五芳斋"为字号的店铺。进入 21 世纪后，这两家"五芳斋"因商标使用权限诉诸法律，后来，双方以"合则两利，斗则两伤"为共识，于 2014 年 8 月完成了工商部门的证件变更及商标变更，浙江五芳斋收购武汉五芳斋全部股权，两家合二为一，共存共荣实现共同发展。

20 世纪 40 年代的"五芳斋"

亨达利钟表

　　亨达利的历史最早可追溯到 1864 年，为德国人霍普创立，英文名称为霍普兄弟公司（Hope Brother & Co.），为招徕高等华人另起中文名"亨达利"，寓意"亨通、发达、盈利"，19 世纪末由德商礼和洋行经营。1914 年第一次世界大战爆发，中德宣战，德商回国，亨达利被转让给礼和洋行华人买办虞芗山和跑街孙梅堂经营，向洋行年交白银 800 两商誉费。1910 年，曾为上海美华利学徒的浙江人陈文生来汉，在礼和洋行的太平洋表行当跑街，后德商撤走，将招牌卖给陈文生。1916 年，陈在汉口河街（今四官殿）开设敏记亨达利钟表行，数年后迁江汉路五福里口，后又迁江汉路 28 号。1922 年，陈文生租得浙江兴业银行汉口中山大道铺面开设亨达利钟表店，成为上海亨达利总行的联号。同年，陈喜添贵子陈芝章的朋友送德国定制大圆钟作贺礼，被其悬挂在店门作为亨达利的象征。

1922 年在德国定制的亨达利大圆钟为当时最先进的机械钟，上一次发条可走七天，故名"七天行"大门钟

1924 年，汉口江汉关大楼大钟由亨达利承接机械安装，钟表匠人王亨亮以其精湛的技术使亨达利名扬三镇

　　1938 年陈文生病逝，其长子陈芝章继承新店，取名"敏记亨达利"，即现在中山大道店，次子陈又章继承老店，取名"又记亨达利"，即现在的江汉路店。1938 年日寇侵占武汉，两家店被日本森洋行强占，"又记"迁至胜利街（解放电影院对面）勉强维持，由母亲贺玉英主持经营，"敏记"则迁车站路。抗战胜利后，"又记"迁回江汉路 28 号重新开业，"敏记"陈芝章用 300 两黄金赎回中山大道店面继续经营。

　　1956 年，亨达利实行公私合营，1957 年转为全民所有制企业，改名"新时代钟表店"，两家店按区域分别划归江汉区和江岸区管理，1981 年恢复"亨达利钟表店"名，1984 年改名"武汉市亨达利钟表眼镜公司"。1985 年，武汉"亨达利"成为中国商业企业协会全国"两亨"（亨达利、亨得利）钟表分会的副理事长单位。2001 年 3 月 8 日，象征"亨达利"的大圆钟再次在店门口悬挂，同年 10 月 18 日，中国商业企业协会以全国"两亨"钟表分会的名义，在国家工商总局注册服务商标，51 家会员单位共享这一"百年名标"。

波衣也琴行

　　波衣也琴行是武汉第一家琴行。该店位于中山大道 885 号，三德里门口，至今走过 106 年历史，位置从未改变。20 世纪初，一位会演奏爵士乐、会乐器修理的英国人 Boyack（波衣也），带着他的中国学徒林正文从上海来到汉口，在此地开了一家西洋乐器商店，并以他的名字取名"波衣也琴行"。1927 年汉口英租界被收回后，Boyack（波衣也）将琴行转让给林正文，返回英国，波衣也琴行成为华人在武汉主持西洋乐器商行的先例。

　　1931 年汉口发大水，琴行损失惨重，由于债主逼债几乎走入绝境。林正文积劳成疾，于 1934 年逝世，年仅 46 岁。林去世后，妻子让 16 岁读高二的独子林冠球辍学回家支撑门面。林冠球聪明绝顶，经艰苦学习掌握英、法、日三国语言，同时会演奏爵士乐、乐器修理、钢琴调律等，成为"波衣也"第二代传人。他们熬过了抗战时期武汉沦陷后的艰难岁月，让"波衣也"重新走上了正轨。

　　1956 年"波衣也"实行公私合营后，在汉口惠济路创建"波衣也乐器厂"，隶属武汉市第一轻工业局，此时为"波衣也"鼎盛时期，职工达 300 多人。

　　2000 年，武汉市第一轻局产品销售门市部改制，公开向社会招标转让，刘群中标，按时价接收了全部房产，重新挂出了波衣也琴行的招牌，从此开创了"波衣也"第三代传人的创业史。21 世纪初年，"波衣也"曾再创辉煌，经营业绩高峰时曾在武汉有 5 家分店。现在，一个乐器博物馆正在这里筹备，"波衣也"的百年传奇将以多种精彩的形式继续传承。

武汉荣宝斋

在武汉老字号里，荣宝斋以收售名人书画原作、临摹复制历代书画及轴册装裱为主，并经销规格齐全的湖笔徽墨、宣纸端砚、泥金扇面、金石篆刻、装裱材料等书画用品，历经 88 年延绵不息。

1934 年 7 月 17 日，北京荣宝斋汉口分店的金字招牌在交通路口竖起。经理刘申甫、副经理张茂如、会计甘仲云、店员杨培栋、王宝元等 10 余人均由北京派来，货源也由北京调拨，利润与总店平分。两年不到，汉口荣宝斋业务迅速扩展。

1938 年日军侵华武汉沦陷前，因南北交通中断，联系停顿，汉口荣宝斋停业。该店将货物存放于法租界庆平里 15 号，由刘申甫、杨培栋、王宝元、赵化民、陈辅庭留守，其余人或撤回北京，或自谋出路。

1939 年春，平汉铁路通车后，北京总店经理王仁山派张茂如来汉清点资产，办理歇业事宜。其时，赵化民因结识日伪湖北省政府金库股股长高寿桥，遂邀其投资，买下分店的全部货物，在南京路 82 号以"荣宝斋寿记"牌号重新开张，由赵化民任经理，店员有杨培栋、王宝元、陈辅庭、邓辅仁、白文祥、郭宝山等 8 人，从此与北京总店脱离关系。

1945 年日本投降后，荣宝斋迁回宝华街原址，人员增至 14 人，生意亦日趋兴旺，为建店以来全盛时期。

1956 年荣宝斋与淳辉阁一起并入"公私合营文化用品商店"，1957 年 11 月 17 日，在武汉市政府运作下，"国营荣宝斋"选址中山大道 1054 号（现 958 号）重新开业。1979 年以"武汉荣宝斋"牌号重新恢复店名。进入 20 世纪 80 年代后，"荣宝斋"经营范围愈见扩大，销售额逐年增加。

2002 年后，"荣宝斋"调整经营格局，恢复了昔日的兴旺气象，2011 年 10 月被武汉市政府授予"武汉老字号"称号。

武汉荣宝斋成立七十九周年时举办书画精品专场拍卖会现场

长生堂理发厅

　　汉口长生堂理发店由来自江苏扬州的剃头匠张聚年创办于 1911 年，全名为"汉口长生堂文武理发店"，"长生"寓意"一技之长求生"，"文"为理发美容，"武"为推拿按摩，当年剃头匠要兼有这后一种本事才能赚钱。

　　"长生堂"地处汉口法租界巴黎街口（今黄兴路路口），这里紧邻大智门火车站，属影院、烟馆密布的繁华之地，创业伊始便发展顺利。其时正值辛亥鼎革之际，民国推行剪辫后文明理发、吉祥祈福之风甚嚣尘上，富户大室、官绅商贾为其常客，市民剃满月头、生日头，子女婚嫁、长者寿诞理发，均要去"长生堂"完成，此段是其事业的发展高峰。

1937年，抗战爆发，市面萎靡，"长生堂"客源大减，生意一度萧条。张聚年将店面贱卖给店员代恒贵，代接手后，与店内同仁徐少斋、周德才、胡保正、张回卿等组成股份有限公司，因周德才出资最多，成"长生堂"新老板。周作风豪阔，投巨资在店堂装彩色雕花饰窗，铺设进口地砖、天然大理石台板，添置16把铁制真皮坐垫椅，又从上海高薪请来8位名师，同本店4名师傅，16名学徒组成强大阵容，使"长生堂"占据三镇理发业高端市场，度过了危机。

民国时期蒋介石来汉时，曾点招名师代恒贵及其儿子代友宝到其住处剃头，汉剧名角陈伯华则终身在这里整发美容。

1952年，该店公私合营，改名"江岸区合作社理发厅"，规模扩大，生意更盛。1957年曾恢复为"国营长生堂理发厅"招牌，1966年曾改名"二七理发厅""红岩理发厅"，直至1978年恢复原名"长生堂"。

1985年，"长生堂"与德国威娜公司合作，成为其产品专用店，1986年引进法国欧莱雅公司全套产品技术，再次成三镇理发业时尚引领。20世纪八九十年代，其先后五次扩建翻修，营业面积从100多平方米增至500多平方米，年营业额1984年为7万多元，1996年增至100多万元，在国营理发店面临私营理发业冲击一片萧条之际，依然阵脚稳固，后来还发展了三家分店，其传承百年的"手指造型"技艺入选武汉市非物质文化遗产目录。

该店2000年被国内贸易局授予"全国十佳美发美容院"称号，2009年被商务部评为"中华老字号"。

1962年国庆节，国营长生堂理发厅全体员工在店门前合影

第九章

华商自治图自强

跑马场的故事

❯ 作者：侯红志 退休记者、中国文保基金会专家组成员、武汉共享遗产研究会人文武汉学会会长

19 世纪 60 年代，汉口租界的英国人开启了老汉口的跑马史，从那时至 1949 年武汉解放，汉口曾建有多座跑马场，其中著名的当数西商、华商、万国跑马场。

这三座跑马场的兴建，显现了旧中国殖民地半殖民地时期洋人与华人之间政治、经济生活的普遍性特质，洋人的高傲与华人的屈辱以及虚与委蛇尽在其中。跑马博彩曾经对武汉人的娱乐、运动、生活习俗和商业经营模式带来深刻影响，据此，我们可从中览见百年前武汉人走近西方社会生活概型时的新奇、不安、追随、模仿和自行其是。

【豪横的西商跑马场】

世界上最喜欢赛马运动的莫过于英国人，鸦片战争之后，英国人 1861 年 3 月在汉口开设租界，于 1864 年 4 月即于汉口现在的巴公房子、一元路地域兴建了跑马场。

在一份清光绪年间（1877 年）的《湖北汉口镇街道图》上，汉口通济门、沙包（今一元路一带）地域标注了其位置，由于地处汉口城堡之内，可称为"城内西商跑马场"。

1896 年 6 月 2 日，法国、俄国同时与中国签订设立汉口租界条约，将汉镇堡垣内原定预留设立法租界的土地分设法、俄租界，该地域将"城内西商跑马场"

包含了进去。1899 年，英国人向法国人索要一笔补偿金后，将这个跑马场关闭，另寻新址建新场。1902 年，在英国怡和洋行大班杜百里的主持下，英国人从汉口地皮大王刘歆生以及当地农民手中购买汉口城堡外后湖大量土地兴建新的跑马场。至 1905 年，以驻汉口的英国人为主，有法、德、俄、日、比利时国参加集资的西商跑马场（又称六国洋商跑马场）在今天的汉口解放公园地域建成并开展跑马博彩。

中华人民共和国成立初期，有一幅手绘的西商跑马场示意图，按现在的地区比照：跑马场进场大门在中山大道六合路口斜对面，进门后有一条两边筑有水泥围墙的柏油路，穿过铁路和解放大道，便进入二道门，即现在武汉歌舞剧院位置；从二道门起，又分两条路：一条

在一份清光绪年间（1877 年）的《湖北汉口镇街道图》上，汉口通济门、沙包（今一元路一带）地域标注了其位置，由于地处汉口城堡之内，可称为"城内西商跑马场"。

为直行向右入停车场的汽车道；另一条人行道从二道门进入后向右至办公室，此门设有警卫，并在路旁设置中英文木牌，牌上标示"此路纯系本会会员私路"。这块路牌的内容，看似只是将路权做了会员与非会员之分，实际是洋人与中国人的权利之分，因为当时，西商跑马场内设的"西商赛马体育会"会员均为洋人，中国人很难加入。就连与英国人做了土地买卖的地皮大王刘歆生，也不是会员。历史上，得到西商跑马场礼遇的华人极为有限。

1928 年，英国领事府在马会举行英皇加冕礼，曾邀请蒋介石、宋子文、吴国桢做过临时宾客；其余，国民党高官何应钦、林森进场打高尔夫球，洋人漠然视之，只有张学良是个例外。张学良带领随从偶然莅临马场，洋人便破例出门迎接，而且，张将军还是西商赛马会会员中唯一的中国人。

西商跑马场内场看赛马有待遇之分，这种待遇给予了洋人们居高临下的感觉。在马道子终点处，设有二层钢木结构的公正亭，公正亭旁是全场看清赌马结果的最好地点。洋人们在公正亭旁场地上陈列有舒适的藤椅座位，四周以木栅栏作标示，这里只准清一色的洋人会员入内。截至 1941 年，西商跑马场的软、硬件设置，俨然是汉口租界外的另一的"租界"。

"西商"兴办之初，每当跑马季节，马道子外的栅栏边便聚满看热闹的华人，还有大批华人在此摆摊做生意。在西商眼里，华人的参与也是个极好的市场。他们在酒吧间东侧筑设了一座约 2000 平方米的大看台，供中国人看赛马、参与赌马。

"西商"的全盛时期是 1925—1935 年，这十年间每年举行两季春、秋赛，每季各举办 7 天，赛马期间，一天的收入可达二十多万银圆，不知道挣去了多少中国人的银子。

武汉解放后，西商跑马场房屋建筑部分分拨给戏剧学院、人民艺术剧院等五个单位使用，外场马道子改建成为供武汉人民休憩游玩的解放公园。

【华商"不服周"（武汉方言，不服输），另建跑马场】

1908 年，汉口的华商财团集资，在今天汉口航空路至万松园一带（其中心位于今天的华中科技大学同济医学院校园运动场内）兴办了老汉口的另一座跑马场——华商跑马场。汉口的华商们愤而兴办一座自己的跑马场，是因为有同仁在西商跑马场受到了羞辱。

据原西商跑马场华籍员工宋怀清回忆："西商跑马场历来对中国人是歧视的，一般华人入场只能从侧门进出，华人的汽车不能进入场内，酒吧间也不接待华人。"这些让华人颇为不满，后来发生的一件事使这种不满彻底爆发。

有一天，汉口良济洋行买办张永璋自认为身份不凡，欲径直从西商跑马场正门登上洋人的看台，谁料行至台口，遭到一印度看守阻拦，当与之辩白时，竟被那印度人踢了一脚。

张悻悻而归，当晚，他在华商总会将经历说出后，引起了在座者的共鸣，大家相约，再也不去西商跑马场了。华商们在"西商"争不到面子，但钱还是有的，如是，大家商议，一起拿钱办个自己的跑马场。

汉口地皮大王刘歆生首先拿出他在硚口的一块地皮作为投资，其余的人一看他带了头，便纷纷认股投资。

清宣统年的一张"汉口华商商团赛马公会会息单"显示（1909 年 1 月—1910 年 2 月），其董总为刘歆生，副董：陈兴九，庶务：韦泳三，会计周星堂。华商跑马场董事会还曾有阜昌洋行买办刘子敬、太古洋行买办章学周、实业银行行长梁俊华、熙太昌茶栈经理韦子峰等人参加。

华商跑马场虽然是汉口的华商"大鳄"们赌气而建，但建筑样式和经营运作模式都在模仿西商跑马场。

华商跑马场主体建筑两层楼正厅呈对称式布局，立面采用三段式构图，建筑一层的拱券柱将两侧转角塔楼联系起来，正中为钟楼设计，西方色彩浓重。其主事机构也仿造"西商"：上层组织董事会由股东大会选举推出，周星堂、李厚全、黄经熙以及名马师何礼臣等，都先后担任一届或数届董事或董事长。

如果说"华商"与"西商"有什么不同之处，是"华商"不分中外人等任其进出。另一个则是"提倡体育，鼓励尚武精神，交换中外知识挽回利权及各种可能体育事业"。

华商跑马场确实在很大程度上履行了这项宗旨。他们定期举行运动大会，举办各种义赛、赈灾赛，以救济灾民、慈善筹款，配合政府解除燃眉之急。

尽管"华商"讲求"社会效益"热情有加，但是，投资商们"在商言商"，钱还是要赚的。在 1925—1935 年汉口赛马博彩最狂热时期，"华商"的收入也令人眼红。当时，赛马期间的最高日营业额也达二十多万元。华商跑马场董、股之间的权利之争，表现了在巨额资本的诱惑面前商业行为的本质特征。作为商人来说，其"公益"行为表征，不可能长久替代商业资本逐利的本质特征，华商跑马场资本逐利的外在表现，则是下力气开展跑马博彩活动。

在汉口跑马博彩的黄金时期，"华商""西商""万国"三个跑马场的广告隔三岔五便出现于报端，几个马场联袂登场，并驾齐驱争夺客源的火热场面也频繁上演，而且"华商"的赛马尤其频繁。

1930 年 11—12 月仅两个月内，"华商"就在《允报》上连续刊登了十场赛马广告，而被这些广告所吸引而参与赌马的人，终究还是"输的多，赢的少"。

曾经在汉口跑马场做事的万澄中老人回忆说："当年，汉口人有段'赌马歌'——一进马场，喜气洋洋，谈的是汉风（马名），说的是庄王（马名）。马下跑道，输得精光，拿的是会钱（旧社会的标会），当的是衣裳。再下马场，男盗女娼！"

华商跑马场兴办之后，对汉口华界的影响、对城市空间发展的拉动效应比西商跑马场更为直接。当时，专门从现在的江汉路到"华商"所在地航空路修造了一条西满路，这条路开通后，沿途相继建成协和医院的前身——仁济医院，同济医院的前身——广东医院，天主堂医院以及中山公园等。1929 年后西满路扩宽，改名中正路，武汉解放后的 1950 年 5 月，改名为解放大道。

武汉解放后的 1950 年 4 月，华商赛马公会曾向人民政府递交一份"社团登记申请书"，申请书在陈述该会兴办原因时特别强调："在汉洋商，即有西商跑马场之组织，对于我国民众极端歧视，因之激起公愤，由地方绅商集资协办。"

华商跑马场则"提倡体育，发扬国光，避免东亚病夫之诮，所有盈余均办社会事业。"华商赛马公会的这份申请，表现了汉口绅商们政治上的敏锐。他们深知，强调与洋商的抗衡之举和致力于社会公益的经历，会在新的人民政府那里获得好感，至于是否有避重就轻之嫌，历史其实已有分辨。

【从跑马场到华商总会】

1924 年，汉口的华商们在今天的汉口马场角地域又兴建了一座跑马场——万国跑马场。在今天的马场角，还有着数处以马场命名的道路，其中，弧形的马场路、马场一路，明显留有"马道子"痕迹，与其西边的万达广场等楼宇形成一个大圆圈。圆圈内的武汉市第十九中学，便是原万国跑马场的内场。

万国跑马场的组织形式及建筑设施与华商跑马场基本相同，连办场宗旨也有样学样："鉴于锻炼身心之重要，机谋商业之研讨，协助救济赈灾为数之巨。"

汉口的西商、华商跑马场在兴办时，其主事方一直泾渭分明。当时，"西商"不容许华人染指，"华商"也不要洋人染指，到了 1924 年"万国"兴办时，华人与洋人却走到了一起。"万国"的入股者有英商怡和洋行大班杜百里。在一张 1924 年 7 月 1 日发行的"汉口万国体育会"股票上，法国人毕格亚则任职于该会董事长。

"万国"的中方发起人王植夫也是发迹于租界。当时，万国跑马场的地皮有一半是王植夫的，有"实物股份"性质，王氏身处清末，便已有"实物变现"之考量，显然是受教于西方商业的运作思维，在当年，投资跑马博彩业的买办刘歆生，周星棠等莫不如出一辙，他们均"毕业"于洋人商行，却起而与洋人"分得一杯羹"。

汉口的华商为了互通有无，联络感情成立了各种形式的买办组织，汉口华商总会就是当时全国影响较大的商会之一。

汉口华商总会，清光绪三十三年（1907 年）由汉口的中国买办在英租界内建立，发起人有王柏年（美最时洋行买办）、欧阳会昌（瑞记洋行兼住友银行买办）、刘歆生（立兴洋行兼东方汇理银行买办）等。后欧阳会昌的助理周星棠、蒋佩林（安利英洋行买办）、宋立峰（安利英洋行买办）、胡范冰（礼和洋行买办）、黄厚卿（和记洋行买办）、潘恕安（嘉利洋行买办）及刘少岩（慎昌洋行买办）等陆续加入。会内一切设备和陈列品均模仿洋商的一流水准。

1921 年，周星棠当选会长后，吸收工商界头面人物郑燮卿、黄文植、贺衡夫、肖纯清，军政界人士湖北省政府主席夏斗寅、财政厅厅长张贯时，军界名人徐源泉等加入，入会人士开始利用该场所解决公益事业或商业纠纷，部分商人则以此作为沟通商情、洽谈生意、商讨问题、共同应对各种危机、维护自身利益的重要处所。

1922 年，该会在今江汉二路兴建一座大厦（现为市民族宗教事务管理局），并将其面临的马路命名为华商街。北伐军攻占汉口后，会址迁至青云里、汉润里等处。1935 年再次搬迁。抗战胜利后，周新棠去世，华商总会停止活动，前后历时 30 年。

汉口的华商们通过华商总会"抱团取暖"不仅敢与洋人竞争，而且遇事还敢顶牛。1908 年 11 月 21 日，汉口的"华商"与"西商"同时将此日定为赛马之期，"西商"恐怕"同日赛跑不免相形见绌"，如是商请"华商"改期，以 180 余元之银杯赠送"华商"头佬，并承诺届时洋行关门歇业，以让职员前往捧场。不料"华商"不允，如是又送茶壶一把，还是不允。当时，租界洋行等外侨商行做生意，很依仗华人买办，因而对其有所忌惮。

抗战胜利后，万国跑马场被闲置。解放战争时期，曾被国民党空军作为仓库使用，到武汉解放前夕，马场设施已十分残破。20 世纪 90 年代中期，万国跑马场的看台设施被全部拆除，建成菱角湖万达广场，成为汉口城区一处繁华的购物中心。

汉口华商赛马公会

地址：汇通路 20 号

结构：砖混

规模：地上 3 层建筑面积 2011.82 平方米

设计单位 / 人：景明洋行

施工单位 / 人：汉合顺营造厂

建筑年份：1922—1924 年

保护等级：武汉市优秀历史建筑

现房屋所有权人：武汉城投房产集团有限公司

建筑特征：属古典主义向现代派过渡的阶段性建筑。整体处理手法仍采用横三段构图方法，左右对称严谨，主入口位于中央，用突出的门斗来强化。檐口及挑出挑梁还保持传统做法，但是其余部分已大大简化，仅用本色的灰砂砖砌筑出装饰的竖线条，显得朴实大方。

1907 年，汉山洋行买办、华商等意欲自己创办一个跑马场，与西商跑马场竞争；1908 年，由刘歆生、周星堂等华商筹资创办的华商跑马场在汉口万松园与王家墩之间兴建，为国内华人兴办跑马场之首创。约 1923 年，汉口华商总会在华商街奠基后，华商赛马公会大楼遂在其西边（今址）兴建。20 世纪 50 年代，大楼长期为武汉市公用局办公使用，21 世纪初为武汉文史馆办公场所。该建筑属古典主义向现代派过渡的阶段性建筑。

汉口华商总会

地址：（现）江汉二路 157 号 /（原）华商街

结构：钢混

规模：地上 4 层建筑面积 3792 平方米

设计单位 / 人：景明洋行

施工单位 / 人：汉协盛营造厂

建筑年份：1922-1923 年

保护等级：武汉市文物保护单位

现房屋所有权人：武汉城投房产集团有限公司

　　1907 年，洋行买办王伯年、欧阳会昌、刘歆生等人羡慕各租界"波罗馆"娱乐形式，遂组织华籍买办俱乐部，命名"华商总会"。先是在英租界内租用房屋为会所，不久迁至五福里（现四明里内）。华商总会成立之初，由欧阳会昌和王伯年负责主持时，口头上约定只限于各洋行买办。1921 年，由周星堂任汉口总商会会长时，因他的关系吸引了当时工商界的上层人物，经常到此聚会，参加娱乐消遣。由于非买办阶级的工商界参加者日多，原来限于各洋行买办的规定在无形中消失。1922 年，筹建华商总会会所大楼于此，给华商提供交换商业情报、联络感情的常设场所。内有大会场，可以演剧开会，餐厅、大小会议室、阅览室、理发室、更衣室、浴室、起居室、储藏室、卫生间及员工宿舍等，设备都是当时最新式的、第一流的。1926 年 9 月北伐军占领汉口，北伐军前敌总指挥部曾设于此。1927 年 1 月，国民革命军第九军第一师师部也曾设此（师长贺龙）。5 月，中央工人运动委员会迁汉，最初设在友益街 2 号，后搬至华商总会办公，刘少奇任工委书记。20 世纪 30 年代又成为军事委员会委员长驻鄂特派绥靖主任公署和军事委员会委员长武汉行营所在地。1938 年武汉沦陷，被日军占领使用。抗战胜利后一度拨给市参议会使用，后仍为国民政府军事委员会委员长武汉行营、国民政府主席武汉行辕、武汉绥靖主任公署等。1948 年 6 月为"华中剿匪总司令部"。由于"华商总会"会舍长期为军事机关占用，华商总会的活动场所相继迁到育云里、汉润里和汉口商业银行。

　　总会大楼为钢筋混凝土结构，占地 650 平方米，原建筑三层，后加建一层。建筑立面秉承西方古典的三段式构图：正面，最下是花岗石台基，带半地下室；上面 4 根多立克立柱撑起古典山花，形成门斗式的入口；再上，又是立柱顶山花的样式，形成呼应。总体上看，像是对古希腊神庙风格的轻盈复现，属古典主义建筑风格。

1927 年的汉口华商总会大楼

汉口银行公会

地址：汇通路 3 号

结构：砖木

规模：地上 3 层建筑

建筑年份：1923 年 10 月

保护等级：武汉市优秀历史建筑

1917 年 4 月，中国、交通、浙江兴业、华丰、聚兴诚和中孚银行通汇处发起金融研究会，不久盐业银行加入改组为银行公会，但未制定正式章程。1919 年又加入金城银行与四明银行。1920 年 5 月 29 日以上述九行发起，11 月 1 日正式成立汉口银行公会，会址为中国银行二楼。是以"互相砥砺矫正营业上之弊害，互相协助促进同业之发达"为宗旨成立的民营组织，其主要作用是维护汉口银行公会会员行利益。公会成立后，设立建筑银行公会大厦基金，1921 年 8 月，在歆生路购地建筑公会大厦。1923 年 10 月，汉口银行公会新办公楼兴建告竣，11 月正式入住。新屋占地计约 83 方，"凡屋三层，一为银行交易处，为银行学术研究会，为庶务室；二为会议室，为会客厅，为会餐室，为游艺室；三为办公室，为书记室，为图书室，为银行杂志社"。1923—1927 年，汉口银行公会创办《银行杂志》半月刊，介绍金融行情，进行有关经济、金融信息及有关金融理论的探讨。同时，还创办学术研究会，后来改为银行夜校，开启了近代汉口银行业的人才培训模式，也促进了汉口银行业行员素质的提高。到 1926 年年底，汉口银行公会会员银行有 17 家。1932—1935 年为鄂豫皖三省剿匪总司令部使用。武汉沦陷后，日伪政权重新组织汉口银行公会。抗战胜利后，汉口银行公会恢复。至 1948 年 2 月 29 日在德明饭店召开第二次会员大会时，有会员银行 57 家。中华人民共和国成立后，政府接收官僚资本银行，对私营银行进行社会主义改造，汉口银行公会不复存在。

1925 年的汉口银行公会大楼

1931 年洪水中的汉口银行公会大楼

汉口"模范区"建成史略

　　历史上的汉口"模范区",位于英租界西面至京汉铁路线之间,其范围是今中山大道与京汉大道之间、江汉路与大智路之间,与今大智街街道办事处辖境重合。其地原为 1864 年修筑的汉镇堡垣以外的湖淌地,属于汉阳县北乡(汉江北岸的两个乡——凤栖乡与丰乐乡)的凤栖乡。1907—1909 年汉镇堡垣拆除后,逐步修筑成后城马路(今中山大道),凤栖乡靠近老汉口镇地方逐步融入城区。

　　在 1911 年 10 月爆发的辛亥革命及其随后的阳夏战争中,汉口成为主战场。南下镇压革命军的清军纵火焚烧了汉口华界 80% 的街区,使汉口城区遭到毁灭性破坏,房屋、财产损失极大,城市经济一蹶不振。

　　1912 年孙中山就任中华民国临时大总统之后,曾令实业部通告汉口商民,建筑市场,重振商务,尽快恢复因战乱而受到破坏的工商业,同时要安定民生,"务使首义之区,变为模范之市"。

　　为了实现孙中山这一设想,汉口华商总会以刘歆生、周星堂等为首的实业界人士,首义新贵将军团的李华堂、石星川、孙武、吴兆麟、蔡汉卿等,军阀寇英杰、刘佐龙等,共同投资,开始以汉口租界的近代城市建设为范本,来营建"模范区"。

1919 年由铁路部门编写的一本《武汉旅游指南》写道：汉口循礼门站，距北京前门站二千四百二十里，站北为后湖。湖旧长五六里，阔半里，东近大智门，西近居仁门，为蓄水溉田处，今两端已渐渐淤涸。站西南为汉镇之中，辛亥岁，地经兵燹，焚毁之处不少。刻正设建筑筹备处，规划一切事宜，并拟仿照巴黎伦敦规模，另辟街道，建筑楼房，业已逐渐兴工矣。

1923 年，设立汉口地亩专局，并开始倡导建造汉口模范区，先后修建了多条纵横交织、泾渭分明并设有下水道的均质高密度碎石土路，路宽 10~12 米，以及高品质的众多生活区——里分。"模范区"的建设持续到 20 世纪 30 年代。

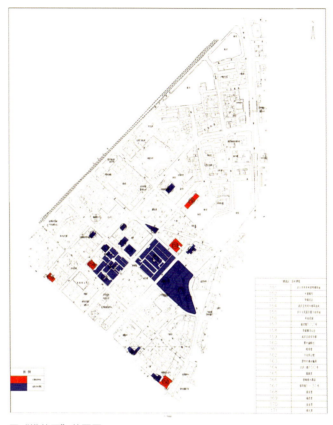
原"模范区"范围图

这一片的土地，基本上都是属于有"地皮大王"之称的刘歆生的，修成横平竖直的主要道路有东西向的歆生路（今江汉路）、保成路、伟雄路（今南京路）、汇通路、云樵路（今黄石路），以及南北向的丹凤街（今江汉一路）、华商街（今江汉二路）、吉庆街、铭新街。

这一片先后建成各有规划、各有统一房屋设计、各有统一建筑材料的 20 多个较大新式里份，如德润里、德安总里、义成总里、福新里、福忠里、宁波里、保和里、保安里、保元里、慈德里、泰宁里、泰安里、榆荫里、退思里、义祥里、昌业里、金业里、鼎新里、鼎丰里、辅义里、东山里等。

这一片先后建成的较大建筑有大陆银行汉口分行（今铭新街 8 号）、汉口华商总会（今江汉二路 157 号）、汉口银行公会（今汇通路 3 号）、汉口华商赛马公会（今汇通路 20 号）、格非堂（今荣光堂，黄石路 26 号）等。

20 世纪 30 年代中期，"模范区"已经展现出近代化城市的新面貌。

中华人民共和国成立后，在西商跑马场的基础上，武汉市建设了解放公园。原西商跑马场仅有少部分建筑留存，包括看台（位于现某军事院校内）和个别楼房（位于现武汉人民艺术剧院内）。

第十章

近代长江金融中心

汉口金融业的故事

> 作者：胡榴明，作家，武汉城市历史文化专家

汉口开埠，这四个字的意思是：武汉三镇海外贸易通商开始。

贸易通商，与之密切相关的机构，一是商行，二是银行。顾名思义：商业管商品交易，银行管商品交易的钱（货币），两者之间相互依存缺一不可。

明末清初，汉口成为长江中下游商业重镇，因为有长江、汉水两大水系的船舶运输、商贸集市，加上随商贸集市兴盛而汇聚的城镇民居大多集结在两江交汇之地，沿汉水之滨形成城镇初期雏形。今天汉口的中心，沿江大道、中山大道周边的城区，在当时还不存在。

19世纪初期的汉口，在汉水入长江口建城，即汉正街方圆街区，城区范围非常小——西临汉水，北止于后湖（指今中山大道上段长堤街一带），南临长江，东止于两江交汇地龙王庙。商贸繁荣带来城市人口急剧增长，自龙王庙以下（指长江水流流向）沿江地段，渐次有人

居住，木屋板屋的街衢巷陌，一直延伸到今天的花楼街。

【开埠前的传统金融】

汉口独特的地理位置为形成转口贸易提供了天然条件，贸易的转运特征十分明显。"汉口一镇，九州之货备至焉。其何故哉？益以其所处之地势使然耳。"

汉口转口贸易兴起后，与之相适应的传统金融体系也开始发展起来，主要由票号、钱庄和当铺组成。票号主要开展长江中上游兼西南各省的汇兑。钱庄主要从事银钱兑换业和传统信用放款业务，同时也发行钱票作为现金的替代品在市面上流通。当铺则向个人提供传统高利贷。

开埠前，汉口的传统金融体系具有自发性、自足性和自律性的特点。当时汉口城市形成时间不长，政府在汉口的管理和引导力量较弱。根据转口贸易过程中的信用与资金需求，自然演化形成了与之相适应的金融产品与服务体系，满足交易货币度量需求的货币兑换业务、由贸易引发的长途钱款转移的汇兑业务、满足基本生活和小额借款需求的信用贷款业务都已出现，同时出现了多个金融行业自律组织，如钱业公所、

钱业公会等。

一言蔽之，正如著名汉学家罗威廉在其作品《汉口：一个中国城市的商业和社会》中写道的："在19世纪的汉口，无论大小商人，都很容易获得信贷和投资。"

【开埠贸易带动金融事业发展】

1861年，汉口开埠，清政府沿长江江边割地为英俄德法日五国"永久性"租借使用。1865年，英方耗银二十万两在英属租界的汉口长江边修筑大堤，沿着堤的内侧修路，称为河街（今沿江大道），沿着河街建房屋，形成一片与中国古典城镇建筑迥然不同的新城区。

"汉口开埠"，标志着武汉城市建设现代化开始。

五国租界建在长江之滨，为的是通商的便利，和出入境的便利，看中的就是长江这一条黄金水道。太平洋、大西洋、印度洋的巨轮越洋从吴淞口可直达汉口。

租界划定，西方冒险家纷至沓来，购地经营。金钱、勤奋加现代科技建成一个崭新的汉口。至20世纪初，汉口有洋行250家。在江边建货运码头，仅英租界就有8个，继后各国租界顺江而下一直建到丹水池。

当年的汉口，坚固堤防阻挡长江的洪水，江边停满外洋轮船、中国轮船、木舟，千万吨货物码头上日夜装卸。当年，只要登上长江江面任何一艘外国邮轮，就等于已经走出中国国境，由汉口港起始的海上航线可以直达日本横滨、法国马塞、荷兰鹿特丹、德国汉堡、埃及塞得港、比利时安特卫普、意大利热诺瓦……可谓"纵横四海"。

1861年至1911年，包括英、美、俄、日、德、法在内，共有14个国家在汉口设领事馆（包括总领事馆）。1905年至1927年民国时期，20个国家在汉口设领事馆（包括总领事馆）。"十里风飘八国旗"，当年仅胜利街（旧时此街分五段各有命名）一条街就设有8个国家领事馆。

金融机构、商业机构、领事馆驻地、海关大楼、船舶公司、俱乐部、商厦、公寓……风格各异的欧式建筑临江而立。

汉口深居内陆，开放商埠较东南沿海城市晚二十年，得天独厚的地理位置和丰富的经济资源，使居于大陆腹心的这座口内通商城市很快融入世界经济贸易的大潮，其后数年，发展势头迅猛直逼上海，成为中国内陆外贸勃兴的一个奇迹。

仅1910年一年，汉口的对外贸易年额银一亿三千万两，外贸总量居全国第二，仅次于上海，人称当时是汉口的"万国交通时代"。

京汉铁路，贯通中国南北交通的一条大动脉。1906年，全线建成通车，终点就在汉口大智门火车站。从汉口到北京，走陆路驿站，马车紧赶慢赶，最快也得28天，有了铁路之后，乘火车时间为3天，快车只需36小时。

长江航线和京汉铁路，水路和陆路在汉口交会，九省通衢的内陆城市此时更是如虎添翼，北面直达北平，东面直通外洋。

交通的便利带来贸易的兴盛。贸易通商，与之密切相关的机构，一是商行，二是银行。顾名思义：商业管商品交易，银行管商品交易的钱（货币），两者之间相互依存缺一不可。

此时，西方商行、银行发展中形成的公司管理制度和配套的法律法规等，都是农耕时代中国商业金融业所不具备的。自16世纪欧洲大航海时代以来，欧洲、美洲、非洲、澳大利亚洲，以及东亚日本和南亚英法葡萄牙殖民地等，因为战争征服和通商贸易，形成了一张相互衔接、交织巨大的金融贸易之网，海洋航运、海关通关、商品交易，货币兑换、进口出口、供需往来，贸易差额，收支预算，等等，一切都在全球化、国际化，如此才能够方便国与国之间的贸易往来。

【长江中游金融中心的形成】

汉口租界开始建设，最先登岸的是各国商行（俗称洋行），银行紧随其后。商行开始交易，没有金融业支撑肯定不行，同时登陆的还有保险业。

1863年，英国麦加利银行率先开业，随后，德国、美国、法国、日本等8国先后设立银行。至1920年，西方银行在汉口已经18家。

汉口开埠的头三十年内，华埠金融业维持传统模式，例如钱庄、票号、银号等。1890年前，汉口商贸繁荣，内陆贸易和外洋贸易并举，商贸业带动金融业，当时外资银行进驻并不多，且只有英资银行站稳脚跟。绝大多数华商仍然习惯和票号、钱庄打交道，于是华商票号、钱庄得以与外资银行均分利益。

随着西方资本强力植入，华洋贸易额度增长剧烈，促使华商遵循西方贸易管理规则，资金流转选择实力强劲且信用度高的外资银行，传承数百年的票号、钱庄等逐渐生意萎缩以致最后倒闭。

19世纪70年代开始，汉口外资银行逐渐成为当地社会资金的主要提供者。一方面外资银行拥有巨额存款，另一方面外资银行拥有利用不平等条约获取的保管关盐税款的特权。两者的结合，使外资银行拥有向社会巨额放贷的能力。

相较之下，当时汉口的其他金融主体均实力较弱，不具备向社会巨额放贷的实力。当时钱庄是对市场主体放贷业务量最大、信贷服务范围最广的金融机构，但规模较大的钱庄资本额也只在8万到10万两，无法满足日渐扩大的社会资金需求。外资银行充分利用钱庄了解民生需求、与实体经济紧密联系、深入经济社会活动的多种特点，通过钱庄向社会注入资金。

19世纪末及20世纪初，马关条约及辛丑条约签订后，多家外国银行涌入中国内陆，他们享有银行券发行特权，决定外汇汇率和利率，逐步占据汉口金融业界。进入汉口的外资银行带来了现代化信用制度理念，促使了商业信用与银行信用的普及和完善。

【常被忽视的汉口保险业】

在汉口的近代金融事业发展中，银行机构比较广为人知。而相应的保险业，则常常被人忽视。

事实上，与银行业一样，汉口的近代保险业发展，在中国同样处于领先地位。

欧洲保险业诞生与欧洲航海业发展密切相关，殖民扩张和海外贸易强化了欧洲航海业也强化了欧洲保险行，就这样，西方保险行随同西方商船登陆中国，先在沿海后来遍布中国大陆，由水运保险发展到其他各种保险，19世纪末至20世纪初，英商保险公司垄断中国市场，当时中国还没有现代化保险行业。

1910年，英商保安保险公司在汉口开设保安洋行，主要经营各项保险业务，是英国来华最早建立的两家保险公司之一。英属保安洋行大楼，位于汉口青岛路8号。在近代汉口金融保险业建筑中，留有记载和建筑的，笔者所知的唯此一家，值得珍惜。

当时的保险公司一般以英语"Union"的发音为中

文名称命名，保安保险公司也就被称于仁洋面水险保安行，又称裕仁洋行，在香港亦被称为友宁洋行，在汉口称为保安洋行，等等不一。晚清以来，于仁洋面保安行汉口分行主要经营长江轮运（上海——汉口）保险业务。

1941 年底，太平洋战争爆发，英商保安洋行汉口分行停业，以港币 22 万元的价格出售青岛路 8 号大楼。

【中资银行的兴起】

目睹到外资银行在中国的蓬勃生长，中国的政府官员和工商业者意识到"银行之近利而厚"，也意识到资本主义的发展对全新金融业态——银行的需要。这一意识触发了我国近代民族资本主义金融业的萌芽，带动了中资银行的产生。

同时，随着外资银行进入汉口，本土金融机构也开始逐渐现代化。由于外资银行对汉口钱庄各项业务不断渗透，钱庄的经营模式逐渐向民族资本主义金融机构靠拢，业务内容以向工商企业放款和发行庄票为主，领域涉及各行各业，出现了一些现代金融业的特征，例如合资开办、参股经营、股东不参与管理、坐分红利，经营方面则委托经理全权管理等。

1889 年，张之洞督鄂，充分启动中华民族工商业，带动武汉金融业在 20 世纪初进入了一个全面兴盛的时期。至 1925 年，本国银行发展到 32 家，与当时 140 家钱庄（后或倒闭或改制为银行），15 家外国银行，形成三足鼎立之势。

华人银行可分为国家银行和中国银行，官办银行：中央信托银行、交通银行；民办北洋系银行：金城银行、大陆银行、盐业银行、中南银行（北四行）；民办南方体系银行：上海商业银行、浙江实业银行和浙江兴业银行（南三行）。另有民办银行：四明银行（宁波商人）、聚兴诚银行（四川商人）、广东银行（美国华人）。武汉本土华商银行有：武汉商业银行、大孚银行等。

华商银行创立是中国人向西方发达国家金融体系学习的结果，打破"洋人"一统天下的局面，对国家自立自强，城市更新发展，以及互利互惠的外贸发展都有很好的促进。

华俄道胜银行大楼

建筑物现在名称：宋庆龄汉口旧居纪念馆

原有名称：华俄道胜银行

建筑物用途：（现）公益文化 /（原）金融储蓄

地址：（现）沿江大道 161 号 /（原）俄租界尼古拉大街

结构：砖混

规模：地上 4 层，建筑面积 1220 平方米

设计年月日：1896 年

设计单位 / 人：德国建筑师马尔克斯

建筑年份：1898 年

保护等级：湖北省文物保护单位

现房屋所有权人：武汉城投房产集团有限公司

华俄道胜银行 1896 年由中俄政府合资成立，总行设在圣彼得堡。1910 年与俄国北方银行合并，改为此名。1898 年在汉口设分行，后在俄租界今沿江大道 161 号建行舍，1926 年停业。广州国民政府迁都武汉，1927 年 1 月设汉口中央银行于此，同年 9 月"宁汉分裂"后被唐生智下令停止营业。1929 年 4 月，此处成为上海中央银行汉口分行行址。中华人民共和国成立后，该楼为胜利文工团驻地。1998 年移交南方集团公司，后为武汉蓝光电力公司租用。2010 年由武汉城投集团修缮复原，辟为宋庆龄纪念馆。1926 年 12 月 10 日，宋庆龄莅汉入住该楼。1927 年元旦，广州国民政府迁都武汉，宋鼎力促成国民党二届三中全会在汉举行，她坚持孙中山"联俄、联共、扶助农工"三大政策，"四一二"反革命政变发生后，她发表讨蒋通电。汪精卫集团发动"七一五""分共"，她愤然于 17 日离汉赴莫斯科。

该建筑筑四层方形塔楼，每层窗户逐步向上缩小。临长江一侧以三段构图划分内廊，回廊有雕花铁栏、铁制吊灯，为典型俄罗斯风格建筑。

宋庆龄从汉口华俄道胜银行大楼住处出门

民国时期的汉口华俄道胜银行大楼（左 2）

东方汇理银行大楼

原有名称：法国东方汇理银行汉口支行

建筑物用途：金融储蓄

地址：（现）沿江大道 171 号 /（原）法租界法兰西大街

结构：砖木

规模：地上 2 层、地下 1 层，建筑面积 913 平方米

建筑年份：1901 年始建，1902 年建成

保护等级：武汉市文物保护单位

　　法商东方汇理银行总行设在巴黎，由法国社会实业银行、巴黎商业银行、巴黎荷兰银行等，为经营中南半岛殖民地于 1875 年创立，1902 年在汉口设支行，同年在汉口法租界今沿江大道 171 号兴建行舍。首任大班比格老提，华人买办王蓉卿、刘歆生。除支持法国洋行在汉进出口业务，刘歆生收购汉口后城外荒地，亦得该行支持。1913 年，该行与中国政府合资开办中法实业银行。武汉解放后 1949 年 8 月，东方汇理汉行停业，尔后，武汉越剧团等入住。2010 年 7 月，湖北省农业银行租赁该楼，耗资 1500 万进行了整修。

　　该楼三段式划分构图，条石砌筑厚重底座；中部红砖清水墙，设腰线，半圆砖拱券门窗与半圆形砖雕壁柱配合，立面由砖雕墙柱竖向划分；上部水平向檐口，属法国洛可可风格建筑。

1906 年左右的法国东方汇理银行大楼

汇丰银行大楼

建筑物现在名称：光大银行汉口分行大楼

原有名称：英国汇丰银行汉口分行

建筑物用途：金融储蓄

地址：（现）沿江大道 143 号 /（原）英租界河街

结构：钢混

规模：占地 3591 平方米，建筑总面积 10244 平方米

设计年月日：1913 年前

设计单位 / 人：汇丰银行上海总行派纳工程师

施工单位 / 人：汉协盛营造厂

建筑年份：1913—1917 年建 4 层副楼；1914—1920 年建 3 层主楼（中间因第一次世界大战停工）

保护等级：全国重点文物保护单位（汉口近代建筑群）

现房屋所有权人、使用人：光大银行汉口分行

　　英商汇丰银行总行 1864 年设在香港，次年设分行于上海。1868 年设汉口分行址。初建为 2 层楼房，1913 年拆除重建，1920 年竣工。因上海总行首传外汇价格于汉行，为汉口各银行汇兑行情晴雨表，亦为汉口发行纸币最早外国银行。抗战初期曾为孙科、白崇禧办公室，太平洋战争爆发后被日军特务部占用，抗战胜利后复业，但业务清淡，以房屋出租补贴开支。武汉解放后 1950 年 3 月 31 日停业，部分房屋由武汉市花纱布公司和房地局分租，1955 年 5 月结束在汉活动。武汉市商委在大楼办公至 20 世纪 90 年代。

　　该大楼外墙麻石砌筑到顶，正面十根大柱为麻石拼接，内廊镶嵌大理石墙裙。基座、房身、屋檐为三段式构图，左右侧 5 段划分，正中一段凸出为主入口，立面具明确垂直轴线，由此确定主从关系。立面柱廊为爱奥尼克柱式，属西方古典风格建筑。

1868 年在汉口长江边兴建的汇丰银行老楼

汇丰银行大楼旧影

1926 年北伐军攻打汉口前夕，美英等国军队在汉口英租界河街（今沿江大道）显示武力，为自己打气壮胆。右一、二为汇丰银行、花旗银行大楼

英国杂志刊登的照片，原图解为"英国扬子江舰队汉口专用码头"背景江滩上建筑分别为汇丰银行（右，亦为英国扬子江舰队驻地）、花旗银行

花旗银行大楼

原有名称：美国花旗银行汉口分行

建筑物用途：金融储蓄

地址：（现）青岛路1号

结构：钢混

规模：地上5层，地下1层，楼高29.5米，建筑面积6153平方米

设计单位/人：景明洋行美国建筑师亨利·墨菲

施工单位/人：魏清记营造厂

建筑年份：1919—1921年

保护等级：湖北省文物保护单位

现房屋所有权人、使用人：中国工商银行武汉分行

前身为 1812 年 6 月在美国成立的纽约城市银行，1902 年在上海筹设分行，名为花旗银行，1910 年在今汉口鄱阳街景明大楼附近设汉口分行，聘英国人诺思为经理，刘子敬胞弟刘端溪任买办。第一次世界大战爆发后借美国"中立"之利扩张业务获利颇丰，战后汉口江滩建新大楼。1938 年武汉沦陷后停歇，未了手续转上海分行办理，1940 年底宣告结束。抗战胜利后未在汉口复业，美孚石油公司汉口分公司营业部曾设该楼。2012 年由工商银行武汉支行出资修缮自用。

大楼呈三段式构图，第一段中间设 4 立柱门斗，内设 3 个半圆形门入口。第二段三层中间设 8 根廊柱，第三段檐口上端设一层楼，顶部为平台，属古典主义建筑风格。

花旗银行大楼旧影

横滨正金银行大楼

建筑物现在名称：中信银行大楼

原有名称：日本横滨正金银行汉口分行

建筑物用途：金融储蓄

地址：（现）南京路 2 号 /（原）英租界阜昌街、英国三码头

结构：钢混

规模：4 层，建筑面积 5632 平方米

设计年月日：1920 年

设计单位 / 人：景明洋行·翰明斯

施工单位 / 人：汉协盛营造厂

建筑年份：1921 年（在原址拆旧建新）

保护等级：全国重点文物保护单位（汉口近代建筑群）

现房屋所有权人、使用人：中信银行

　　1880 年，日商中村道太等人在日本横滨成立股份制银行公司，1906 年设横滨正金银行汉口分行，在英租界河街阜昌街口（今沿江大道南京路口）兴建行舍。初为砖木房屋，后改建为屋顶设气屋的两层砖木结构楼房，1921 年在原址兴建四层钢筋混凝土结构大楼。1945 年抗战胜利后，该行被中国政府接收。1949 年武汉解放后，大楼曾被湖北省纺织品公司、省国际信托公司使用。2012 年由中信银行收购自用。

　　该楼外墙麻石到顶，主入口设转角处，两侧为空柱廊，使用巨型双柱改善两侧临街景观。建筑外观属古典复兴式，内部增添日本风格装饰，为现代风格古典主义建筑。

建于 1921 年前的横滨正金银行老楼

1921 年建造的横滨正金银行新楼（左一）

上海商业储蓄银行汉口分行大楼

建筑物现在名称：中国工商银行汉口分行

原有名称：上海商业储蓄银行汉口分行

建筑物用途：金融储蓄

地址：（现）江汉路 60 号 /（原）英租界太平街

结构：钢混

规模：4 层 1 栋，总建筑面积 3120.01 平方米

设计年月日：1923 年前

设计单位 / 人：三义洋行

施工单位 / 人：上海三合兴营造厂

建筑年份：1923 年

保护等级：湖北省文物保护单位

现房屋所有权人、使用人：中国工商银行汉口分行

  1915 年，上海商业储蓄银行在上海宁波路 9 号开业，1919 年 3 月在汉口设分理处，次年改组为分行。该行曾与浙江兴业银行、浙江实业银行一起成为中国金融史上著名"南三行"，抗战时期，蒋介石曾请总行总经理陈光甫代表国民政府赴美借钱。1938 年武汉沦陷后该行迁重庆，大楼被日军军用电台占用。中华人民共和国成立后陈光甫定居香港，1950 年把上海银行香港分行更名为上海商业银行，1954 年在台北设立上海商业储蓄银行。大陆的上海商业储蓄银行于 1952 年 7 月参加金融业全行业公私合营，成为国家金融机构组成部分。

  大楼为三段式构图，外墙麻石到顶，底部墙体厚实，大理石踏步，开三个半圆拱门作入口；中部柱廊虚实相映，二层阳台门由双支小柱支撑三角形山花造型；上部檐口厚重，具古典主义建筑风格。

1931 年武汉洪灾，上海商业储蓄银行门前舟楫成群

盐业银行汉口分行大楼

建筑物现在名称：中国工商银行江岸办事处

原有名称：盐业银行汉口分行

建筑物用途：金融储蓄

地址：（现）中山大道 988 号 /（原）英租界湖北街

结构：钢混

规模：地上 5 层，建筑面积 6699.43 平方米

设计单位 / 人：景明洋行

施工单位 / 人：汉合顺营造厂、汉协盛营造厂

建筑年份：1926—1927 年

保护等级：湖北省文物保护单位

现房屋所有权人、使用人：中国工商银行汉口分行

1915 年 3 月，袁世凯长兄袁世昌内弟张镇芳创办盐业银行，总管理处设北京。1916 年 11 月在汉口设分行。民国时期与金城、中南、大陆银行合称"北四行"。1938 年 11 月 3 日大楼被日军华中派遣军司令部指挥所占据，1945 年抗战胜利后在原址复业。中华人民共和国成立后 1952 年 12 月 5 日，与汉口其他民营银行一起参加公私合营，成为国家金融机构组成部分。

该楼外墙麻石到顶，两侧及中部后缩，由中间踏步引至二层。二、三层建六根廊柱，双柱间内廊设入口门，四层上檐较宽，为现代风格古典主义建筑。

盐业银行汉口分行（现中国工商银行江岸分行）门厅内景

汉口商业银行大楼

建筑物现在名称：市少儿图书馆

原有名称：汉口商业银行

建筑物用途：（现）公益建筑/（原）金融储蓄

地址：（现）南京路 86 号/（原）英租界伟雄路

结构：钢混

规模：地上 5 层，地下 1 层，建筑面积 4161.97 平方米

设计年月日：1930 年

设计单位/人：上海建筑师陈念慈

施工单位/人：汉兴昌营造厂

建筑年份：1931—1932 年

保护等级：湖北省文物保护单位

现房屋所有权人：武汉市文化局

现房屋使用人：市少儿图书馆

　　1923年，汉口德商美最时洋行买办王柏年与他人集资，组建汉口商业储蓄银行，但旋即停业。1926年8月25日，汉口华商章伯雷、吴振宗、汪翔唐等集资开办汉口商业银行，1927年停业。1934年，由汉口特业（鸦片烟土业）公会会长赵典之发起，再度开设汉口商业银行，行址由今中山大道113号迁现址。1938年武汉沦陷，日军在此成立伪治安维持会，1939年4月20日转为伪武汉特别市政府，一时间群奸聚集，建筑蒙尘。抗战胜利后，赵典之由重庆返汉，在原址复业。1949年初，金圆券剧贬，4月22日停业。1957—2000年，该建筑为武汉市图书馆。2004年，成为武汉市少年儿童图书馆。

　　大楼自下而上三段构图：第一段中部3间6廊柱，两边单柱，中间两双柱，柱高至3、4层楼顶，设钢外窗，15步台阶上二层门廊内3扇入口门；第二段为一层，与第一段相似；第三段檐口中部建歇山顶飞檐筒瓦亭阁，抗战期间亭阁被炸毁。建筑中西结合，为现代风格古典主义建筑。

武汉沦陷后的1939年4月20日，汉口商业银行大楼被汉奸政权占据，在这里成立了伪武汉特别市政府

中国实业银行汉口分行大楼

建筑物现在名称：中信银行

原有名称：中国实业银行汉口分行

建筑物用途：金融储蓄

地址：（现）江汉路 22 号／（原）英租界太平街

结构：钢混

规模：8 层，建筑面积 4207 平方米

设计年月日：1934 年前

设计单位／人：卢镛标建筑设计事务所

施工单位／人：李丽记营造厂

建筑年份：1934 年

保护等级：湖北省文物保护单位

现房屋所有权人：武汉城投房产集团有限公司

　　1912 年中华民国成立后，北洋政府财政部在创办实业、振兴中华情势推动下，由熊希龄、张謇于 1915 年筹办民国实业银行，后因袁世凯筹备帝制，取消"民国"，更名中国实业银行。1919 年 8 月在天津开业，1922 年 3 月在汉口设分行，1934 年在今江汉路 22 号建楼，1、2 层自用，3 层以上对外出租，1938 年武汉沦陷后被日军占用，1945 年抗战胜利后复业。中华人民共和国成立后，该行参与公私合营改造，成为国家金融机构组成部分。该大楼曾为湖北省中药材贸易中心，现为中信银行大楼。

　　大楼墙裙黑色大理石贴砌，外墙红色涂料粉饰，该楼为当时武汉最高建筑，创汉口建筑之新风，是武汉现代派建筑里程碑。

民国时期的中国实业银行（右二）

20 世纪 90 年代，该大楼为湖北省中药材贸易中心

四明银行汉口分行大楼

建筑物现在名称：湖北省保险公司大楼

原有名称：四明银行汉口分行

建筑物用途：金融储蓄

地址：（现）江汉路45号/（原）太平街

结构：钢混

规模：5层（中间7层），占地面积1182平方米，建筑面积4616.38平方米

设计年月日：1934年

设计单位/人：卢镛标建筑事务所

施工单位/人：汉协盛营造厂

建筑年份：1934—1936年

保护等级：武汉市文物保护单位

现房屋所有权人：武汉城投房产集团有限公司

　四明银行成立于 1908 年，由宁波商人周晋镳、陈薰、虞洽卿等在上海公共租界宁波路江西路口创办开业，1919 年设汉口分行，1936 年在江汉路购买基督教伦敦会地块兴建 7 层大楼。1935 年，沪、京、津现白银挤兑风潮，致"小三行"（中国实业银行、四明银行、中国通商银行）一周内陷入困境。此后改"官商合办"，成"小四行"（四明银行、中国通商银行、中国实业银行、中国国货银行）之一。1952 年 10 月，上海、中国实业、四明等 11 家商业银行合并成立公私合营银行武汉联合营业部，1958 年 4 月，该行与中国人民银行合并，1959 年 10 月结束账务。

　　大楼主入口平面呈梯形，中央为营业大厅，大厅前后置办公室、楼梯间等附属用房。临街立面底层麻石砌筑，以上为水刷石粉面，竖直线条通顶，将中国古典元素与西方建筑形制相结合，是华人设计师在武汉设计的第一栋钢筋混凝土结构建筑。

20 世纪 60 年代从江汉路看四明银行大楼

华商银行家周苍柏公馆

建筑物现在名称：暂无

原有名称：周苍柏公馆

建筑物用途：住宅

地址：（现）黄陂村 6-7 号

结构：砖混

规模：地上 2 层 2 栋建筑面积 661.08 平方米

建筑年份：1920 年

保护等级：武汉市优秀历史建筑

现房屋所有权人：武汉城投房产集团有限公司

周苍柏（1888—1970年），美国纽约大学商学士毕业，1917年回国任上海商业储蓄银行汉口分行行长，该公馆为行长任上置办。周的祖父为汉阳周恒顺机器厂创办人周庆春。周公馆曾有夫人筑燕梁、长女周小燕（著名女高音歌唱家）、次子周德佑、三子周天佑一起居住。抗战爆发后，周德佑参加中共领导的"第七演剧队"，为宣传抗日积劳成疾于1938年去世，同年3月22日，中共领导人周恩来、董必武、邓颖超、叶剑英，国民党要人陈诚等到周公馆悼念。周家与周恩来有密切交往，对中国共产党抱有感情。皖南事变后，新四军军长叶挺的家属曾被接到周公馆居住。中华人民共和国成立后，周将私产业悉数捐献给人民政府，现在的东湖风景区即在他的东湖海光农圃基础上扩大建成。新中国成立后，周历任中央人民政府政务院财经委员会委员等职。周苍柏1970年在北京病逝，葬于八宝山革命公墓。

建筑为红瓦坡屋顶，以山墙作楼体正面，清水灰砖外墙局部作水泥拉毛装饰，门窗为直角框架，二层设挑出露台，宽阔拱券门通内室，属英国别墅式庭院建筑。

周苍柏全家合影。后排从左至右，女儿周小燕、夫人筑燕梁、周苍柏、次子周德佑

第十一章

特写·贰

谁在为我们重现历史

20 世纪初的汉口，因茶兴盛，茶叶年出口量一度超过 200 万担，被誉为万里茶道的起点。

1910 年，俄国茶商 J·K·巴诺夫和齐诺 • 巴诺夫兄弟在鄱阳街、洞庭街及兰陵路的交会处，斥资修建起当时汉口最大的公寓楼——巴公房子。这两栋古典复兴式建筑铭刻着汉口茶叶通江达海远销莫斯科的光荣历史。

历经百年风霜，巴公房子内部和外立面均严重损坏，早已不复旧时风采。

2018 年，江岸区正式启动对巴公房子的保护修缮工作，秉承"最小干预"原则最大程度保留历史建筑的底蕴。

圆顶、立柱、拱门、木窗、露台、清水红砖……历时一年多施工，能工巧匠运用榫卯等 10 余项传统工艺，另有同济大学材料力学实验室的现代先进检测技术加持，巴公房子惊艳归来，其整体结构，外立面造型、材料及色彩，甚至嵌入墙面的汉口历史风貌区地图，都得到充分地还原及保护，以此向"万里茶道之门"致敬。

2023 年，巴公房子保护修缮和再利用项目一举摘得柏林设计奖建筑类别银奖。它以匠心独运的设计理念，恰到好处地将百年建筑丰厚的文化与充满活力的都市风尚完美糅合，用多元业态唤醒汉口的摩登生活。

每逢节假日，黎黄陂路与兰陵路口人声鼎沸，外地游客与本地市民不约而同地青睐巴公房子。来这里品尝网红文创雪糕，或者走进星巴克臻选店享受咖啡的香气，瞬间就能拥有历史建筑赋予的精致体验。

由武汉文化旅游集团旗下武汉城市风貌公司运营、重焕武汉市历史文化风貌区地标性建筑"百年巴公房子"，将为城市风貌带来一处探索历史文化的精品酒店——武汉风貌巴公邸酒店，配有与米其林三星主厨携手打造的全新休闲餐饮品牌——巴公小酒馆、呈现独一无二的结合汉口历史建筑特色的星巴克臻选、高端连锁美护品牌灵感心隐 SPA 及奢华珠宝定制品牌——新金銮棠等提升现代都市人生活品质的综合商业业态。同时，以巴诺夫兄弟与巴公房子为焦点，用科技手段讲述万里茶道故事的万里茶道展览馆也向公众开放。

如果说巴公房子是汉口商业历史的见证，那么建于 1912 年的保元里则是汉口革命历史的缩影。

1947 年，童式一在汉口开办的华中经济通讯社，设于保元里 9 号童家。时任中共武汉市委书记的曾惇等人，均以通讯社的主笔身份，掩护开展共产党的工作。1949 年 5 月 15 日，在国民党军溃逃、解放军兵临城下的"真空时期"，中共武汉市委在保元里 9 号设立临时指挥部，用一部电话指挥武汉迎接解放的战斗，秘密掌控三镇的一举一动，直至解放军进城。

时光荏苒，这段革命历史被拍成电影，作为取景地的保元里也成为汉口里分的代表，多次出现在大银幕上。

2022 年，江岸区启动对保元里和泰安里的改造工程，修缮恢复 70 余栋房屋的外立面和内部结构，拓宽巷道，

新增消防设施等。作为武汉进行连片改造规模最大的老里分，目前保元里已经修缮一新，武汉城市风貌资产管理（集团）有限公司计划将其打造成历史潮流创意街区。

2023年中秋节当天，完成修缮的保元里初次亮相，前来拍照打卡、逛市集的市民游客络绎不绝。通过前期精准招商，艺元空间、闪电自行车、梦游少女等一批有影响力的品牌商户有意进驻保元里，形成独特城市IP。不久的未来，热爱city walk的潮人们来到保元里，就能徜徉于艺术工作室、画廊、历史展厅和高品质餐厅，体验一把老汉口新江岸的风情。

自2022年初，武汉文旅集团下属武汉城市风貌资产管理集团有限公司围绕汉口历史风貌区特点，创新性地推出5H+品牌体系作为发展愿景，并统筹考虑历史风貌区业态规划布局，激励历史风貌区内文旅商业态的服务质量、产品品质提升，激活片区文旅商氛围，吸收借鉴国际商业榜单评选经验，首创性推出"H+武汉风貌旅行指南"年度榜单（H+ Guide of Hankow），每年对历史风貌区内文旅商服务业商户，基于美团平台数据，结合实地探店后，邀请行业专家、意见领袖等共同进行客观多维度评选，并按年度进行评选榜单发布，为历史风貌区的消费者提供线索和指引方向。

武汉文化旅游集团作为汉口历史风貌区的城市焕新发展商和高质量发展运营商，本着"世界眼光、国际标准、中国特色、高点定位"的基准目标，深入贯彻武汉市政府部署规划的汉口历史风貌区旧城改造和业态提升工作，打造城市文化的新名片和旅游的新亮点。

武汉文旅集团原董事长王广立表示，坚持"两轴引领，六区联动，亮点示范"的模式，着眼于生态修复、老城复兴、文脉复归，形成以民众乐园片为主的清芬繁华片，保元里及汉润里片区为主的青岛文荟片，同兴里、泰兴里为主的法领馆片，围绕八七会址、万里茶道、巴公房子为主的兰陵博览片区及以原市档案馆为主的三德创意片等亮点片区，通过有效衔接国内外顶尖商业运营资源，引入文化遗产、历史、美学、艺术、建筑等专家智库，陆续与国际知名品牌、国际艺术大师合作。以片区为单位，以特色历史建筑改造为示范，以点线面相结合的方式有序推进片区建设发展，打造集高端酒店、文旅街区、消费创意于一体的城市更新示范亮点单元，实现历史建筑功能活化，推动风貌区文化和旅游深度融合发展。

（撰稿：万凌）

第十二章

多元文化的大熔炉

从古德寺，看见包容

❯ 作者：吴国平，古德寺周边老居民

> "多年后我就思索这个现象，我想，这就是古德寺的内涵魅力——包容，它置身于周边居民之中，是一座贫民前来的寺庙。它和居民已经融为一体。居民也潜移默化地把古德寺当作了自己生活的一部分。"

我这一生，打小起就一直伴随在古德寺的左右，不管走多远，心中总有古德寺的位置。

【初探古德寺】

第一次走进古德寺，是 1955 年我 6 岁的时候。我的童年伙伴有的到了读书年龄（当时是 7 岁上学），学校是即将拆迁安置的第 40 小学。这所小学历史悠久，后来改称"新建街小学"，与古德寺只隔一堵矮墙。

永清马路在 1955 年以前还存在，它的南边一部分后来被"长办"征用，北边部分至今还在，就是陆军医院的西院墙外的那条路名叫新建后街，一直通向古德寺。我和同学要到第 40 小学去，一定要经过古德寺的山门，这是一条唯一的路，在陆军医院和古德寺两墙之间。路的南边是陆军医院的墙，光秃秃的；北边是古德寺高大的粉墙。墙虽然高，但是墙内的爬山虎都爬出墙来。密密的竹子比墙还要高出很多，显得阴森，很神秘。

看了学校，大家回转到古德寺山门前，有同伴说，到古德寺去看看，小萝卜头们都说好。大家打着赤脚，光着赤膊进了古德寺，这是我们第一次进古德寺。

其实古德寺，我们看得多，只要站在永清街马家墩门口的高墩子上或者在铁路孔上就能看到古德寺顶上的九座十字架塔刹。走进古德寺还是第一回，都有些畏畏缩缩，偶然有一个穿着灰布衣的和尚走过，我们便不敢向前迈步，看到和尚不管不问我们这群小伢们。我们的胆子就大了，顽劣渐渐地复苏，七嘴八舌，惊奇感也冒头了。进了山门走进去几步，墙上的一长溜石板上密密麻麻地刻着字，大家不认得。

从山门到大雄宝殿是一条4米宽的断头路，到了路尽头，右边就是大雄宝殿的高大殿门，门前一对大石狮子拱守。大石狮子口里都含着一个石球，立刻引起了我们的好奇。这个石球拿不出来，那它是怎样放进去的？

进了殿门，迎面正中间就是一个笑嘻嘻的大肚子罗汉，再看两边各有两个巨大的、恶狠狠的菩萨，手里拿着宝剑、伞、琴，还有一个拿一条蛇，他们每个人的大脚踩着一个鬼魔鬼样的小人。再往前走。大肚子罗汉的背后也站着一个菩萨，不晓得拄着一个什么东西，这个菩萨面对东方。出了这个大殿，露天里有一个像葫芦似的大铁香炉。迎面又是一座大殿，有一阵阵好听的歌声传过来，歌声是从这个殿堂里传来的。

歌声很好听，我们顺着歌声凑到殿门口，原来是和尚们在念经，和尚们都斜披着袈裟，口里念着经、不时地用手中的木棍敲面前的磬和小木鱼。磬和小木鱼我认得，我家里神龛上就有一个，过年烧纸，供祖宗，大伯或者伯伯就要敲磬敲木鱼。

我们探着头看里面，里面有很多菩萨和罗汉，西斜的阳光被茂密的竹子和大殿遮住了，光线渐渐地暗下来，除了念经声，四周悄然寂静，静得怕人。我们小一点的伢就有点怕了，不敢大声地说话，还感到有点冷。大家都要回去，一路上偶尔有和尚从我们身边走过也不会过问我们。

回到古德寺山门，有一个和尚正舞着一把月亮铲。我们不走了，就看和尚舞月亮铲。和尚一趟舞下来收了势，右手持铲在身后，左手掌举到面前，对着这一班小萝卜头，说："阿弥陀佛，天已经晚了，小施主是还要看一看，还是回家呀！"

我们这一班小萝卜头看到和尚行礼说"阿弥陀佛"已经是手足无措，再听到天已经晚了，见寺里阴森寂静，还有蛮多的凶神恶煞的菩萨罗汉，口里就不约而同地说道："我们回去。"一群人跑出了古德寺。

在回家的路上，我们恢复了活力，七嘴八舌地争辩那些稀奇古怪的见闻。

【如同《水浒传》】

1956 年，我家从永清街的永清小路搬迁到了古德寺旁边，和这里的菜农组成"建设村"。这个地方僧、道、尼都有，在建设村二组历史上有一个"祐生观"，祐生观很早就没有了，它的遗址后来做了民办小学，民办小学仅存在了两年几番换手成了民居。

在新建街小学的校门左侧前面民居里有一个小庵堂，有几个比丘尼修行。我们小学生经常唱童谣："和尚尼姑翻了身，他们两个来结婚。"那个时候童言无忌，伢们也顽皮，也没有惹出和尚尼姑的抗议。

我 1957 年进入新建街小学读书，所在一年级六班是全校纪律最差的班，从上一届留级下来 8 个学生，个个都不是省油的灯。他们都是菜农子弟，祸祸课堂纪律是一方面，祸祸古德寺那是真的让人"疼"，看了《水浒传》里的大相国寺鲁智深和泼皮的故事，林冲隔着墙的豁口看鲁智深叫好的章节，几乎和我们与古德寺的交集相似。

新建街小学不仅与古德寺相挨，新建街小学的菜园子还在北边楔进古德寺一块，这一块的墙南边也是古德寺的菜园子，我们班的小学生就扒开了一个豁口，跳进古德寺砍竹篙子粘蜻蜓，粘知了，摘黄瓜，偷番茄。你偷就偷，一被种菜的和尚发现，就像燕子飞搞得踩坏不少的菜，和尚也时常撵过来追到教室里。

奇怪的是，学校从没有处理惹祸学生，古德寺也没有对此打干仗，等到我们班的这几个留级生第二年退学了，祸祸古德寺的事情就很少发生了。

我们渐渐地喜欢上了古德寺，特别是夏天天气炎热，我们就呼朋唤友，夹一张草席跑到古德寺里，把席子或铺到弥勒佛的神位下，或铺到圆通宝殿的回廊里，或铺到四大天王的脚下，打牌、打"撒撒"、下棋，

或者爬到四大金刚的身上，或者躲到四大金刚后面捉迷藏，任意嬉闹，也不觉得菩萨罗汉凶神恶煞。和尚从来不干预。回想起来，我们尽管在古德寺撒着性子玩，好像没有破坏环境，遗弃垃圾。

我们也去撞木鱼，也去围看和尚们披着袈裟念经，还有模有样地学，古德寺的任何一个角落我们都去了。有一回我摸到一个紧闭着门的房间，扒着门缝看，里面是一包包的骨灰，堆满了房间，有的布包散开了，骨灰就散落出来。和尚们好像没有秘密向我们掩盖。

【在这里，看见包容】

我的父亲有时上夜班，街坊上很喧闹，天气热，白天无法休息。于是父亲就到古德寺要了一张躺椅，泡了一壶茶，就在圆通宝殿的回廊里睡觉歇息，这个圆通宝殿和前面的大雄宝殿比起来就安静多了，大雄宝殿是孩子们的地盘，圆通宝殿是大人们休息的地方。

大雄宝殿很凉快，但是圆通宝殿回廊更凉快，比大雄宝殿高得多，火热的南风被茂密的竹林过滤，失去了暑热改作了习习凉风，在回廊，无论是东西南北风，到了这里就是凉风，所以在没有电扇空调的年代里，这里就是空调房。一圈的躺椅包围了整个圆通宝殿，和尚提着水壶不时地轻脚轻步地续水。

小伢们到了这里也是保持安静，因为它法相庄严，尽管开放式，和尚并不管伢们的随意性，不知为何，我们青少年也肃穆起来。

我们耳濡目染了很多古德寺的规定，比如在外面乘凉，用被单斜披在肩上做"阿弥陀佛"，还知道"施主"，比如敲磬敲木鱼唱经。它还是莘莘学子读书的地方，我的哥哥因为炎热，就总是从永清街到古德寺来读书复习。

出门在外，无论在东南西北方，远远地看见蓝天下圆通宝殿的尖顶，就晓得快到家了。我们也知道了，从山门进来贴在墙上的那一顺溜石板上刻的名字是以前的信众为古德寺捐款的人，有的菜农同学还找到了他的祖父的名字。

多年后我就思索这种现象，我想，这就是古德寺的内涵魅力——包容，它置身于周边居民之中，是一座贫民前来的寺庙。它和居民已经融为一体。居民也潜移默化地把古德寺当作了自己生活的一部分。

其实，何止古德寺。整个江岸，整个汉口，这么多的教堂、寺观，不也同样显示出了深入民间的尘世情怀吗？不也同样展现出和平共处的包容心态吗？

我生我长的这块土地，就是这样一个多元文化的大熔炉。

古德寺，原名古德茅蓬，清光绪三年由隆希所建，后由其亲选弟子昌宏继承衣钵，并将寺庙发扬光大，尤其是武昌起义期间，他率寺众救护义军，爱国行为受到民国政府的嘉奖，并依"心性好古，普度以德"之意改寺名为古德寺。又先后两次扩建寺院、改子孙规制为禅宗丛林制度，使古德寺成为与归元寺、宝通禅寺、莲溪寺齐名的武汉四大佛教丛林。古德寺的核心建筑是圆通宝殿，这座建筑在建筑理念上吸收了中国传统建筑特别是汉传佛教建筑的灵感，同时也受到古希腊建筑、哥特式建筑、伊斯兰建筑等建筑风格的影响，既保留了传统佛教建筑的精髓，又吸收了欧亚多种宗教建筑的特色，展现了不同文化背景下艺术风格碰撞与融合，成就了古德寺的独一无二。此外，古德寺圆通宝殿内部的设计融合了大乘、小乘和藏密三大佛教流派的元素，同样展现出多样化的文化内涵。

汉口上海路天主堂

建筑物现在名称：汉口上海路天主堂

原有名称：圣若瑟天主堂

建筑物用途：教堂

地址：（现）上海路16号／（原）英租界怡和街

结构：砖木

规模：1层，建筑面积1186平方米

设计年月日：1875年前

施工单位／人：孙裕泰建筑厂

建筑年份：1875年始建，1876建成年

保护等级：湖北省文物保护单位

现房屋所有权人、使用人：武汉市天主教教务委员会

　　1862 年，担任湖北代牧区主教的意大利方济各会明位笃由应城来武昌，新修主教公署和大修院。1866 年购得今上海路鄱阳街口地皮，1874 年委托意大利传教士余作宾修建天主教（罗马公教）鄂东代牧区经理处（今教堂院内主教公署）。1875 年始建教堂，次年建成，取名圣若瑟堂。1899 年加修左右侧殿，可容 4000 人，为武汉教堂之最。1923 年罗马教廷将鄂东代牧区划分为汉口代牧区，武昌、汉阳、蒲圻代牧区，汉口代牧区管理汉口、黄陂等 11 个县教务，主教府设圣若瑟堂。首任主教是意籍方济各会会士田瑞玉，其后为索尚贤、希贤主教。1944 年底美军空袭武汉，教堂中梁及后侧钟楼被毁，希贤主教被炸死。1946 年汉口代牧区晋升为汉口总主教区，总主教罗锦章，1947 年教友筹资修复部分损毁。1952 年 9 月罗锦章因违反中国政府法令被驱逐出境，由中国神职人员刘和德、杨少怀、董光清任代主教，1958 年董被选为汉口总主教区主教。"文革"中堂区被其他单位占用，1979 年底复原，1980 年 4 月恢复宗教活动。2013 年，政府实施"交钥匙工程"对教堂进行了维护修缮。

　　该堂以罗马耶稣会教堂为蓝本，采用拉丁十字马西利卡式长方形大厅，纵面柱子分隔几长形空间，中央设大厅堂。后部为圆拱，正殿后左右两侧圆形塔式钟楼，属巴洛克风格建筑。

老汉口圣若瑟教堂俯瞰

1875 年建成时的圣若瑟教堂

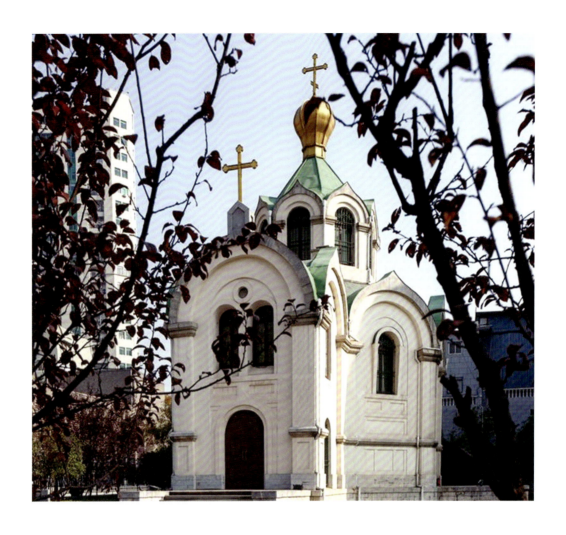

汉口东正教堂

建筑物现在名称：汉口东正教堂

原有名称：阿列克桑德聂夫东正教堂

建筑物用途：（现）文化／（原）宗教

地址：鄱阳街 48 号

结构：砖石

规模：地上 1 层（地下有地宫），建筑面积 212.32 平方米

建筑年份：1893 年

保护等级：湖北省文物保护单位

现房屋所有权人：武汉市江岸国资公司

1876 年 5 月 2 日，俄国茶商因宗教需求由彼特·波特金从俄国运来建材修建活动教堂，1885 年俄驻汉副领事伊望诺夫出资改建为砖木结构教堂，竣工后北京俄国东正教总会派修士大司祭尼可莱伊·阿多拉兹契来汉做开堂仪式，定名"阿列克桑德聂夫堂"。1891 年，俄商新泰砖茶厂 25 周年厂庆，俄皇太子尼古拉（俄末代皇帝尼古拉二世）亲临出席，许诺将捐赠一座教堂，1893 年新教堂建成（即现存东正教堂），1896 年由俄东正教教务会议指示沙士丁神父为该堂首任司祭。中华人民共和国成立后，苏联将前俄国东正教在华不动产转交中国东正教会，1955 年由中国籍杜弼宁、德树志接任该堂神父。1958 年，德树志神父申请东正教徒参加基督教联合礼拜，结束该教在汉历史。2013 年，根据中俄"长江中上游地区与伏尔加河沿岸联邦地方领导座谈会"精神和省政府要求，武汉市政府拨款 360 余万元对教堂进行修缮，2014 年 10 月，江岸区国资公司完成修缮工程。

　　该堂为集中式形制，运用拜占庭穹顶和拱技术，底层墙面由多向透视拱券组成，外块采用壁柱、拱券和雕刻精细的线脚作装饰。上层平面呈六边形，接六坡攒尖屋顶，绿色铁皮屋面，上有宝顶，外轮廓富有变化，为典型俄罗斯风格教堂建筑。

1935 年的东正教堂，图中俄文解说为："五十年纪念日，亚历山大涅夫斯基的东正教堂，在汉口"

报纸插画"俄国皇太子尼古拉到访汉口"

西本愿寺出张所

建筑物现在名称：一元路 6 号

原有名称：西本愿寺出张所

建筑物用途：公共建筑

地址：（现）一元路 6 号 /（原）德租界皓街

结构：砖木

规模：地上 2 栋 2 层，前栋建筑面积 1000.32 平方米，后栋建筑面积 279.54 平方米

建筑年份：1906 年

保护等级：武汉市优秀历史建筑

现房屋所有权人：武汉市江岸国资公司

此楼为圣公会房产，早期日本人租办日语、中文学校。净土真宗本愿寺派（西本愿寺）是日本佛教派系，1906年10月8日，西本愿寺派护城慧猛（主任）等来汉，在法租界河街租房传教。1907年，西本愿寺出张所（办事处、日本国外传教机构）迁德租界胶州路华景街一侧（今二曜小路靠中山大道一侧）。与20多家日本商社形成日本人居住区，并开办学校。1937年8月日侨撤退，同年10月被撤离前的中国军队炸毁。1938年12月，该寺随日军侵略脚步回汉，设四民街45号（唐生智公馆），1939年5月，该处被伪武汉特别市政府征用，作为交换，西本愿寺出张所迁现址。该寺除烧香拜佛，超度侵华日军亡灵，还为日本侨民和日军在华阵亡军人设立中国支忠灵显彰会残灰奉安所（骨灰存放处）。1943年该寺迁汉口湖南路31号（今胜利街武汉海事局处），1945年抗战胜利后终结在汉痕迹。中华人民共和国成立后，一元路6号曾设武汉市公安局八处，20世纪60年代该建筑一楼曾为武汉市政府办公点，70年代成为民居。

建筑外立面红、青砖混搭清水墙，细部砖砌线条及拼花。通透式主入口，半圆形拱窗，两侧房间对称布局，屋顶山花精雕细琢，属古典主义建筑。

建筑外墙及山花造型

1920年至1937年的汉口山崎街2号日西本愿寺

圣教书局

建筑物现在名称：圣教书局

原有名称：圣教书局

建筑物用途：（现）办公／（原）书务印刷

地址：鄱阳街 49 号

结构：砖木

规模：地上 3 层；建筑面积 2759.02 平方米

建筑年份：1911 年

保护等级：武汉市优秀历史建筑

现房屋所有权人：珠海华发置业有限责任公司

现房屋使用人：华发外滩荟营销中心

1861 年．英国基督教新教伦敦会进入汉口，传教士杨格非与英基督教循道会牧师郭修礼捐资成立圣经会，专事宗教印刷品传播神学。1876 年，圣经会分为圣教书局和书会，前者管印刷业务，后者管出版发行，英文名 Religions Tract Society，简称为 RTS。圣经会初设花楼街仁济医院，1892 年 1 月遇火灾，迁至今鄱阳街青岛路转角处新大楼，1907 年又遇大火，在废墟对面今址购地建楼，1911 年落成。圣教书局使用英国印刷设备，武汉沦陷后被日军接管，改名华中印书馆，出版受日伪当局控制的报纸《华中报》。抗战胜利后教会收回书局，继续原有业务至 1949 年。中华人民共和国成立后，设备由《大公报》接收，后转武汉印刷厂。1957 年，圣教书局陈忠仁（孝感人，书局印刷部经理，格非堂长老）去世。

建筑属欧洲新古典主义风格，其间掺杂法国文艺复兴、巴洛克、洛可可风格。对称布局，主入口设底层正中，立面三段式构图，门斗设精美花饰线条。

民国时期的圣教书局（右一）

修复后的建筑侧面

汉口美国海军基督教青年会

建筑物现在名称：市基督教爱委会

原有名称：美国海军基督教青年会

建筑物用途：（现）公共会所／（原）公共会所

地址：（现）黎黄陂路 10 号／（原）俄租界阿列克谢耶夫街

结构：砖木

规模：地上 4 层，地下 1 层，建筑面积 1547 平方米

设计单位／人：景明洋行

施工单位／人：康生记营造厂

建筑年份：1915 年

保护等级：湖北省文物保护单位

现房屋所有权人：武汉市基督教青年会

　　美国海军基督教青年会是该会海外分支机构，是以宗教活动联系青年职工团体，发展成以"德、智、体、群"四育为标榜的活动机构，借以传播美国生活方式。其服务对象为美国舰船上军人、海员以及侨民。武汉解放后，该楼曾为武汉市人民武装部办公楼，现为武汉基督教"三自爱委会"机构。

　　建筑设地下室和屋顶暗层，正立面纵向三段划分，中部设主入口，通过十数级台阶直上二楼。主入口处用双肢爱奥尼克柱强化，上下二层设外廊，两侧对称布置，外墙灰砂砖砌筑，红瓦坡屋面借用法国方穹窿设计，属巴洛克式风格建筑。

1915 年初建时的楼房正面

信义公所

建筑物现在名称：武汉市基督教三自爱国运动委员会

原有名称：汉口信义公所

建筑物用途：（现）办公 /（原）办公住宿

地址：（现）洞庭街 77 号 /（原）俄租界鄂哈街

结构：钢混

规模：地上 6 层，建筑面积 5796.16 平方米

设计年月日：1923 年

设计单位 / 人：司格士（德商）建筑事务所

施工单位 / 人：汉协盛营造厂

建筑年份：1923—1924 年

保护等级：武汉市优秀历史建筑

现房屋所有权人：武汉市基督教三自爱国运动委员会

　　信义公所，原名信义差会公寓和经理处，亦称汉口信义中心。最初由豫鄂传教士魏国伟主持，联合豫鄂、湘西、陕南、北行道会、南行道会（瑞典行道会）等8个信义差会组成，设董事会管理，湖北定道会传教士韩卫道牧师为常任经理。公所为传教士或差会提供贸易、银行事务，传教士、外侨、外商寄寓等服务。宋美龄等人路过武汉曾寓居于此。武汉沦陷后被日本特务部占领，抗战胜利后收回。1951年元月，信义会响应中国基督教三自爱国运动委员会号召，改组为中国基督教信义会，全国总会办事处设汉口胜利街176号，信义公所归其管理。信义书局曾在一楼经营英美出版的宗教、文艺书刊，如美国《生活杂志》《读者文摘》等，还代办武汉大专院校外文教学用书，经理为传教士慕天恩。1949年8月15日书局停业。中华人民共和国成立后，该大楼被武汉市物资局使用至20世纪90年代。大楼为现代古典式建筑风格，1970年曾发生火灾，修整后立面被改变。

信义公所原标牌

信义公所在火灾前的原貌

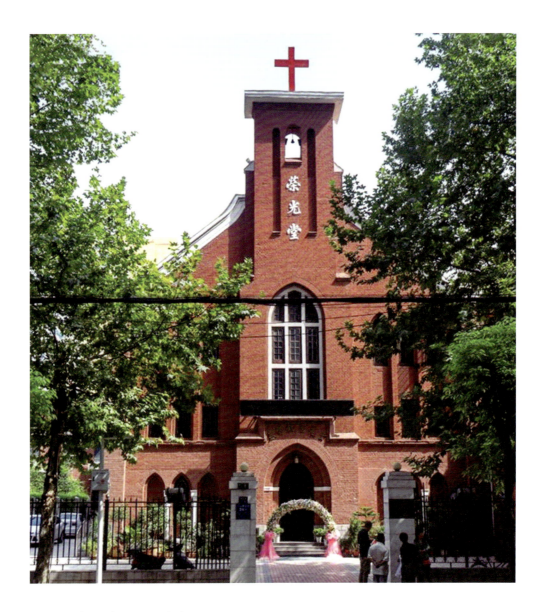

格非堂（荣光堂）

地址：（现）黄石路 26 号 /（原）云樵路

结构：砖木

规模：地上 2~3 层，建筑面积 1190.89 平方米

施工单位 / 人：建安营造厂

建筑年份：1931—1932 年

保护等级：武汉市优秀历史建筑

现房屋所有权人：武汉市基督教三自爱国运动委员会

汉口基督教格非堂建于1931年,纪念英国基督教伦敦会牧师杨格非(Rev Griffith John)百年诞辰及来武汉传教70周年。在汉口模范区云樵路(今黄石路),用教会53 000元募捐款修建,于1932年落成。前身是杨格非创立的伦教会江汉路花楼总堂。"基创鸿磐、其址永固"8个大字的奠基石,至今仍镶嵌在教堂正立面右墙脚,保存完好。杨格非是基督教英国伦敦会派遣到湖北地区的第一个基督教宣教士,他以汉口为据点传教达50余年,是清末民初武汉地区基督教的代表人物。1938年3月6日,冯玉祥、孔祥熙、钟可托及王宠惠等以基督徒名义发起,在格非堂成立全国基督教联合会,推蒋介石为名誉会长,号召全国基督徒联合一致抗日救国,抗战到底。提出基督教徒抗日救亡的六项使命,并成立基督教负伤将士服务协会,服务队足迹遍及鄂、豫、陕、皖、赣等省。武汉沦陷后,堂内教士迁入湖南街懿训中学,同时开办懿训公寓(难民收容所),后又迁借圣保罗堂开展宗教活动。武汉沦陷后,格非堂被日军占用,遭到损坏,被改为日本庙宇,取名"皇民道场",存放日人骨灰。1946年秋,汉口懿训女子中学西迁复员,在格非堂上课一年多。1951年12月23日格非堂正式更名为荣光堂,取新约圣经"在天上有和平,在至高之处有荣光"之意。1980年10月30日感恩节举行复堂感恩礼拜,恢复正常宗教活动。荣光堂成为全市基督教教区信徒聚会礼拜以及进行宗教活动的场所。2010年,市基督教会对"荣光堂"进行全面维修。

格非堂属哥特式建筑,为红砖清水墙,门、窗采用哥特式建筑特有的尖券,强调竖线条,窗和墙形成强烈的虚实对比,极富韵律感。底层用突出腰线勾勒,正中窗划分线与屋顶十字架相呼应,烘托出特有的宗教气氛。内部装修经多次装修,保存较好。

格非堂旧影

荣光堂教堂内景

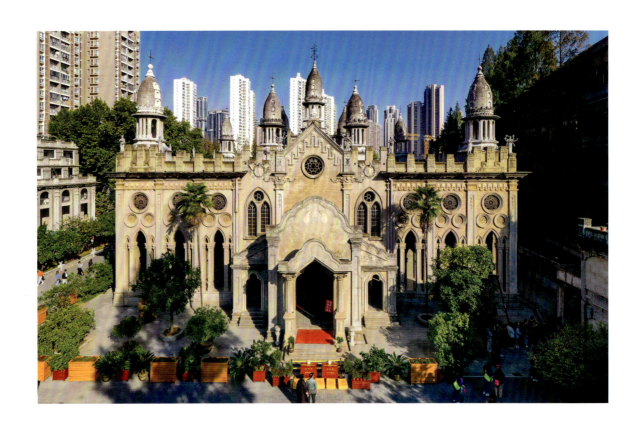

古德寺圆通宝殿

建筑物现在名称：古德寺圆通宝殿

建筑物用途：寺庙

地址：江岸区上滑坡路 74 号

结构：钢混

原有名称：圆通宝殿

规模：地上 1 层，占地面积 1120 平方米，高 16 米

建筑年份：1921-1934 年

保护等级：全国重点文物保护单位

现房屋所有权人：武汉市佛教协会

古德寺由隆希和尚始建于 1877 年，原名古德茅蓬。"古德"二字源自"心性好古，普度以德"的修持仪轨。1905 年扩建，1914 年龙波和尚将其改为丛林，取名"古德禅寺"，并为首任方丈。1916 年建天王殿、客堂、斋堂、寮房、方丈、禅堂、觉幻社。1921 年建大雄宝殿、观音堂、云水堂，历时 13 年方成，为武汉地区四大丛林之一。该寺坐东向西，山门上原有黎元洪题写"古德禅寺"匾额。大雄宝殿（圆通宝殿）为钢筋混凝土结构，殿基占地 5000 平方米。殿内正中供奉释迦牟尼、药师、弥勒三尊佛像，像后为西方三圣，左右为二十五圆通及文殊、普贤菩萨像。辛亥革命阳夏战争时，该寺僧众曾救护伤员、掩葬烈士遗体。1931 年武汉发大水，该寺曾捐出古树抗洪，寺内至今无百年老树。"文革"时该寺关闭，改为武汉照相机厂生产车间。1986 年恢复寺庙性质。1997 年，原清济寺演顺法师带领 40 余比丘入住古德寺，晨钟暮鼓，磬鱼梵呗之声再起。

圆通宝殿呈正方形，门廊呈三角形分两层朝后递收向上，烘托顶部中心的高耸山花，以古典主义罗马建筑风格手法强化宝殿正立面的宗教神秘感。贝叶形拼饰的火焰券门楣，是南传上座部佛寺的典型特征。大殿为全外廊式，立面为爱奥尼柱式加哥特式拱券，拱券上方一大二小圆形窗花，屋檐装饰体现了东西建筑风格的完美结合。殿顶有九座高低错落的佛塔（象征五佛教四菩萨），佛塔为西式攒尖亭，尖顶为十字形，横向为禅杖。殿顶四周 96 个莲花墩源自中国传统的望柱，寓意（国之四维，天圆地方），每隔四个莲花墩上设一尊天神，共 24 位，又称 24 诸天。两侧为一对狮子，大象头部和大鹏金翅鸟组合的守护神图案，极具印度、缅甸地域特色。古德寺圆通宝殿建筑风格起源于 2500 年前印度摩羯佗国的阿难佗寺，唐朝玄奘西行求法，曾在该寺学习佛法。该建筑风格后由印度传入缅甸，由缅甸传入中国，为汉传佛教唯一、世界仅存的两座阿难佗寺风格佛教建筑之一。

早期古德寺

法国堂

建筑物现在名称：法国堂（为别名）

原有名称：法租界"圣母无染原罪"堂

建筑物用途：教堂

地址：（现）车站路 25 号 /（原）法租界河内街

结构：砖木

规模：地上 2 层，建筑面积 380 平方米

建筑年份：1911 年

保护等级：武汉市优秀历史建筑

现房屋所有权人、使用人：武汉市天主教教务委员会

　　1910 年，湖北教区田瑞玉主教委派法籍教士丁寿建堂，1911 年建成，供奉无染原罪圣母为主保，以此为堂名。因其专供法国侨民和法国船舰水手、海军陆战队员使用，亦称"贵族堂"。1924 年至 1925 年，华中地区天主教汉口教区在其右侧修建账房（经理处）。武汉沦陷时期法租界成"孤岛"，此处曾接纳少量富裕华人。1951 年教会开始民主改革，1953 年 8 至 9 月，爱国教徒与首善堂河南天主教驻汉经理处经理姬良发生争执，受到法国堂神父吴方金与"公青"分子骚扰，欲借"圣体受辱日"挑起事端，并打伤爱国教徒。其后姬良被驱逐出境，教堂被封，改作仓库。1996 年该堂曾作"神曲酒吧"租用，2010 年停业。后由武汉民用建筑研究院修缮，原锌皮屋面改换青色机制瓦。2014 年 12 月 8 日法国堂修缮完工，举行"开堂"仪式。教堂占地 300 余平方米，平面呈十字形，立面用尖卷门窗，设三角棱小尖塔、华盖，内部蓝色天花饰白色满天星，属哥特式建筑风格。

江岸清真寺

地址：发展大道 886 号

设立时间：2020 年

主殿建筑面积：3148 平方米

　　始建于民国七年（1918 年）。20 世纪初，河南连续发生天灾，部分灾民顺京广铁路南下逃难至武汉市江岸区（原名刘家庙），灾民们在当时的京汉铁路货场靠出卖苦力来维持生活。灾民中有信奉伊斯兰教的穆斯林群众，为满足宗教生活需求，大家集资建立起一座简易清真寺，在战乱和铁路扩建过程中多次搬迁，最终坐落在江岸永和里 83 号。

　　21 世纪初，该清真寺由于年久失修，房屋下沉、墙体开裂，形成危房。2002 年，为保障汉口地区穆斯林群众生命财产安全和正常宗教生活需求，市、区政府、市伊协共同出资拆除危房，在原址重建清真寺，2006 年落成。2014 年，因建设沿江商务区，江岸清真寺选址重建，2018 年 3 月通过竣工验收，2020 年 10 月搬迁至现址（发展大道 886 号）。礼拜殿可容纳 1000 人。江岸清真寺多次受全国、省、市各级部门和单位表彰，其中 2000 年被中国伊协评为"全国模范清真寺"。

鲁兹故居

建筑物现在名称：江岸博物馆

原有名称：鲁兹故居

建筑物用途：（现）公用建筑／（原）居住

地址：（现）鄱阳街 32 号

结构：砖木

规模：地上 2 层，主建筑 619.44 平方米，副建筑 135.60 平方米

建筑年份：1913 年前

保护等级：湖北省文物保护单位

现房屋所有权人：武汉市基督教三自爱国运动委员会

现房屋使用人：江岸博物馆

　　"鲁兹"为吴德施英文名音译。美国人吴德施 (L．H．Roots，1870 — 1945)，哈佛大学文学院和剑桥神学院毕业，1896 年 11 月由美国圣公会派遣来华，任武昌高家巷圣约瑟堂堂牧，1899 年改任汉口圣保罗堂堂牧。1904年 11 月任湘鄂皖赣教区主教后，在此居住 20 多年，该建筑得名"鲁兹故居"。美国圣公会为武汉势力最大基督教教派，有教堂 52 座，至武汉解放时办有华中大学、文华图书专科学校和 4 所中学以及武昌同仁医院。吴在汉时，曾营救日知会刘静庵等人。辛亥阳夏战争时，在圣保罗座堂建伤兵医院救助民军和灾民。1926 年北伐军攻占武昌后亦维护城区卫生、救济难民。1927 年"四一二"反革命政变后，周恩来由上海潜来汉口隐居于此，武汉"七一五"反革命政变发生后协助周潜离汉口至南昌，领导了南昌起义。1937 年"七七"事变后，与外国记者艾格尼斯·史沫特莱、安娜·路易丝·斯特朗，中共领导人周恩来、邓颖超、朱德、彭德怀、秦邦宪，国民党人士冯玉祥、宋子文、孔祥熙、张群、王宠惠、吴国桢等均有交往。白求恩北上前线前，住他家半月之久。吴德施为支援中国抗战不遗余力，"鲁兹故居"亦成重要历史遗存。故居为早期南洋廊式建筑，2 栋建筑间两层有楼道相通。

洛根·赫伯特·鲁兹（Logan Herbert Roots）
汉名：吴德施

施工方找到 19 世纪末至 20 世纪中叶教堂历史照片八张，依照旧照参考，通过试掘确定了教堂室外原始标高，清除了后续堆积的高出部分

汉口东正教堂修复记

汉口东正教堂原名阿列克桑德聂夫堂，建于 1876 年，具有鲜明的俄罗斯拜占庭建筑风格，是中俄经济、贸易等在汉活动的见证，具有重要的历史、艺术和科学价值。

该教堂位于鄱阳街 48 号，现为湖北省文物保护单位。2013 年 5 月，中俄双方在湖北举办"长江中上游地区与伏尔加河沿岸联邦区地方领导座谈会"，决定修复汉口东正教堂，修复工程由武汉市江岸国有资产经营管理有限公司组织承担，湖北省文化和旅游厅古建筑保护中心为修缮工程设计单位。

修复前，东正教堂多年关闭，曾先后用作仓库、酒吧、婚庆场所，周边搭建有附属建筑。其外墙色彩杂乱，彩色玻璃、金属屋面及洋葱头穹顶均不存，建筑整体高度有所变化。

修复工程按照《中华人民共和国文物保护法》等相关法规要求，制定了"尽可能减少干预，保存现存实物原状与历史信息及建筑原有的传统工艺"的修缮原则。其中，剥离攒尖顶表面附着的水泥层，恢复教堂穹顶是重要目标。经过科学认真细致地修缮施工，工程完工后，建筑的安全隐患得以消除，历史信息得到最大限度地保护，周边环境得到较大改善。

2015 年 8 月 4 日，该工程通过湖北省文物局专家组竣工验收，8 月 6 日，俄罗斯总统驻伏尔加河沿岸联邦区全权代表巴比奇一行，出席了"东正教堂修复竣工仪式暨武汉中俄文化交流馆"揭牌仪式。东正教堂文物保护修缮工程得到了中俄双方领导人、专家、学者及外国友人的一致好评。

工程施工方对室内外墙体进行了加固，经过调查及信息分析，确定其金属屋面为墨绿色。其内部采用优质杉木对残损木构架进行了替换，对所有木材进行了防虫、防腐、防火处理

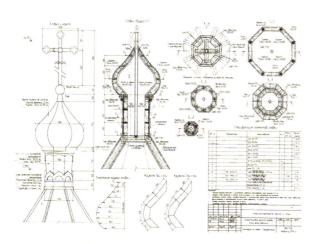

恢复"洋葱头"穹顶是本项工程的重点。2014年1月，施工方依据俄方专家伊利英娜女士发来的图纸设计了穹顶内部，但图纸上穹顶外观设计与教堂历史照片差异较大。工程施工方最后依据历史照片及穹顶基座的测量数据，对穹顶外观进行了设计修缮

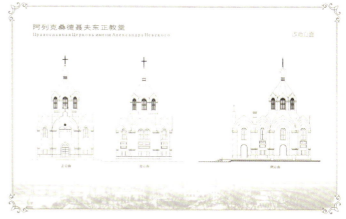

2014年6月，俄方提出将已完成的"洋葱头"穹顶运往武汉安装。俄方制作的穹顶为俄东正教堂标准式设计，与汉口东正教堂穹顶外形有明显差异，基座部分也不尽相同。根据我国文物保护法"不改变文物原状"的原则条款，修复工程修缮完成了最接近原貌的穹顶部分

1872 年意大利籍传教士明位笃主教从英租界英国工部局购买面积为 5080 平方米的这块土地， 1874 年委托意大利籍神父余作宾设计罗马式建筑风格教堂并督造，1876 年建成。工程耗资十二万法郎

汉口上海路天主堂修复记

上海路天主堂又称圣若瑟堂，建于 1876 年，属罗马式建筑风格，是天主教文化在武汉传播的历史见证。该堂为砖木结构，位于汉口上海路 12 号，建筑整体呈"十"字形分布，坐北朝南，主楼建筑面积 1470 平方米，前殿为一层，西侧有一座钟楼，附楼为四层，建筑面积 2198.05 平方米，现为修士居所。该堂现为湖北省文物保护单位。1944 年武汉沦陷时期，该堂遭美军飞机轰炸，毁坏严重，1948 年修复。此后分别于 1956 年、1980 年、2004 年进行数次大修。此后，教堂主楼及附楼屋面、内外墙、地面出现开裂、松脱、斑驳、污损、建筑排水淤塞等问题，威胁到文物建筑的本体安全。2020 年，武汉市启动上海路天主堂养护工程，施工方按照相关法规要求，在不改变文物原状、尽可能减少干预、最大限度保护历史信息基础上，对教堂整体进行大型保养维护，最大限度地保存了文物建筑的真实性和完整性。养护维修后的上海路天主堂保持了历史原貌，坚固而整洁。

鸟瞰上海路天主堂

上海路天主堂正轴立面维护图

该堂属罗马式建筑风格。门窗选用印度红木，平面呈"十"字形，左右各设一座钟楼，内部以拱状穹顶和交叉拱顶作支撑，结合镶嵌有彩色玻璃的长窗，建筑的艺术价值十分浓厚

第十三章

历史转折的关头

八七会议

　　为了审查和纠正党在大革命后期的严重错误，决定新的路线和政策，中共中央于 1927 年 8 月 7 日在湖北汉口召开紧急会议（即"八七会议"）。出席会议的有部分中央委员、候补中央委员、中央监察委员，还有中央军委、共青团中央、中央秘书处和湖南、湖北的代表和负责人。共产国际驻中国代表罗米那兹等参加了会议。会议由瞿秋白、李维汉主持。在极其险恶的环境下，会议只开了一天。

毛泽东在发言中除批评陈独秀的右倾错误外，关于军事斗争问题，他批评党过去"不做军事运动专做民众运动"的偏向，提出"以后要非常注意军事，须知政权是由枪杆子中取得的"。

会上，共产国际代表罗米那兹做党的过去错误及新的路线的报告和结论，瞿秋白代表中央常委会做将来工作方针的报告。许多同志发言批评中央在处理国民党问题、农民土地问题、武装斗争问题等方面的右倾错误。有的同志还批评了苏联顾问、共产国际代表的一些错误。

会议通过《中国共产党中央执行委员会告全党党员书》等文件，要求坚决纠正党在过去的错误，号召广大党员和革命群众继续战斗。会议还着重批评大革命后期以陈独秀为首的中央所犯的右倾机会主义错误及其他错误，会议总结大革命失败的教训，讨论党的工作任务，确立了实行土地革命和武装起义的方针。

关于土地革命，会议根据共产国际的指示，按照中共中央1927年7月20日通告中提出的"中国革命进到一个新阶段——土地革命的阶段——的精神，明确提出土地革命是中国资产阶级民主革命的中心问题，是中国革命新阶段的主要的社会经济内容。

在中国，封建土地制度是帝国主义和封建买办势力反动统治的重要基础，解决农民土地问题始终是革命的根本问题。中国共产党成立后，虽然注意到要解决农民的土地问题，并在局部地区开展了减租斗争，但始终没有解决好这个问题。大革命失败后，中国共产党要独立

地领导革命斗争，就必须废除封建地主土地所有制，实行"耕者有其田"的制度，只有这样，才能得到占人口绝大多数的农民的支持和参加，才能使开展武装斗争和建立革命政权有广泛的、可靠的群众基础。

关于武装起义，会议明确提出：党的现实最主要的任务是有系统地、有计划地、尽可能地在广大区域内准备农民的总暴动。会议认为农民运动的主要力量是贫农，决定调派最积极的、坚强的、有斗争经验的同志，到各主要省区发动和领导农民暴动，组织工农革命军队，建立工农革命政权，解决农民土地问题。

会议做出的武装反抗国民党反动派屠杀政策的决定，是党在付出惨痛的牺牲之后得出的正确结论。这是中国共产党人对中国革命认识上的一个重大进步。

会议通过了《党的组织问题议决案》。议决案规定，在党的第六次全国代表大会以前，由中央临时政治局执行中央委员会的一切职权。鉴于秘密工作将成为党在国民党统治区的主要工作形式，议决案提出：现时组织问题上的主要任务，就是造成坚固的能奋斗的秘密机关，各级党组织要加强党的秘密工作；同时注意利用一切公开的可能，以扩大党的影响。

八七会议在总结党在大革命后期犯错误的教训时，认为党的领导机关里绝大多数是知识分子和小资产阶级的代表，是一个重要原因，因而要求提拔工人同志到党的委员会负重大责任。这种不适当地强调领导机关和党员单纯工农成分的指导思想，脱离中国社会和党的实际状况，对日后党的建设产生了消极影响。特别是"左"的错误在中央占统治地位的时期内，一再强调"唯成分论"，严重地妨碍了党的组织的健康发展。

毛泽东在发言中除批评陈独秀的右倾错误外，关于军事斗争问题，他批评党过去"不做军事运动专做民众运动"的偏向，提出"以后要非常注意军事，须

知政权是由枪杆子中取得的"。这个论断是从大革命失败的血的教训中取得的，它指出了中国革命的特点，实际上提出了以军事斗争作为党的工作重心的问题；关于农民土地问题，他提出应当规定大中地主的标准，不没收小地主土地。这个建议符合湘、鄂、赣、粤一带的土地占有情况，对于日后开展土地革命，制定正确的土地革命路线，奠定了认识上的基础。但是，共产国际代表没有采纳毛泽东的正确意见，并提出土地问题的根本解决办法是实行土地国有。

会议选出中共中央临时政治局。苏兆征、向忠发、瞿秋白、罗亦农、顾顺章、王荷波、李维汉、彭湃、任弼时被选为委员；邓中夏、周恩来、毛泽东、彭公达、张太雷、张国焘、李立三被选为候补委员。8月9日，中央临时政治局第一次会议选举瞿秋白、李维汉、苏兆征为常务委员会委员。

在中国革命处于严重危机的情况下，八七会议的及时召开，并制定出继续进行革命斗争的正确方针，使全党没有为极其严重的白色恐怖而惊慌失措，重新鼓起同国民党反动派斗争的勇气，从而为挽救党和革命做出了巨大贡献。中国革命从此开始由大革命失败到土地革命战争兴起的历史性转变。

但是，由于受共产国际及其代表的"左"倾思想及党内"左"倾情绪的影响，八七会议在反对右倾错误时没有注意防止和纠正"左"的错误。对在革命处于低潮形势下党应当组织必要的退却缺乏认识，容许和助长了盲目发动工人罢工和组织城市暴动的倾向。

会议还不适当地强调党的领导机关和党员的单纯工人成分的意义。会议认为反对封建制度的资产阶级民主革命的完成（土地革命亦在其内），尤其是反帝国主义斗争的完成，必须实现于反对已成反革命的资产阶级的斗争之中。这种认识为以后"左"倾错误的发展提供了理论依据，给中国革命造成很大危害。

八七会议后，经过一段时间的准备，中共中央机关在9月底至10月上旬由武汉迁往上海。

（节选自中共中央党史研究室著：《中国共产党历史》第一卷上册，中共党史出版社2002年版）

民国时期的怡和公寓（左），右侧为巴公房子

该楼为怡和洋行大班杜百里委托德籍工程师石格士设计，1910—1927年修建街面楼房30栋及珞珈山路小洋楼27栋，为高档商居住宅群，时称"怡和房子"。

瞿秋白主持八七会议

怡和公寓

建筑物现在名称：八七会议会址陈列馆

原有名称：怡和公寓

建筑物用途：（现）办公／（原）公寓住宅

地址：（现）鄱阳街139号（／原）三教街41号

结构：砖木

规模：地上3层（局部4层），建筑面积3018平方米

设计单位／人：景明洋行、石格士（德）

施工单位／人：汉协盛营造厂

建筑年份：1910—1913年

保护等级：全国重点文物保护单位

现房屋所有权人：武汉城投房产集团有限公司

现房屋使用人：武汉市文化局

共产国际代表罗米那兹参加了八七会议

日总领馆警察署巡捕房

建筑物现在名称：汉口新四军军部旧址纪念馆

原有名称：日总领馆警察署巡捕房

建筑物用途：公共事业

地址：（现）胜利街 332—352 号 /（原）大和街 44 号

结构：砖木

规模：地上 2 层，建筑面积 796 平方米

施工单位 / 人：广帮营造厂

建筑年份：1898 年

保护等级：全国重点文物保护单位

现房屋所有权人：武汉市文化局

　　1937年"七七"事变后，全面抗战爆发。中国共产党与国民党达成协议，于当年8月将红军主力改编为国民革命军第八路军，10月将在江西、湖北等八省红军和游击队整编为国民革命军陆军新编第四军。新四军下辖四个支队，一个特务营，共计1.03万余人。军长叶挺，副军长项英，参谋长张云逸，副参谋长周子昆，政治部主任袁国平，副主任邓子恢。12月25日，新四军军部在汉口成立。1938年1月4日为开展敌后抗日游击战，项英率军部大部分人员离汉去南昌，1月下旬，叶挺亦离汉赴南昌。新四军驻汉事宜后委托八路军驻汉办事处代办。当年在此工作和居住的新四军将领有叶挺、项英、张云逸、周子昆、曾山和从日本回国参加抗战的郭沫若。该建筑1898年为日本驻汉口总领事馆警察署巡捕房。"七七"事变后日本侨民回国，被作逆产没收。1938年10月武汉沦陷后为市民住宅。2006年武汉市人民政府拨专款按原貌修复辟为纪念馆。

1938年1月4日，项英率部分工作人员乘船离汉赴南昌。行前，新四军军长叶挺（中）、副军长项英（右二）、参谋长张云逸（右四）、曾山（右一）、傅秋涛（右五）在汉口合影

江汉关监督公署大楼

建筑物现在名称：武汉市档案局

原有名称：江汉关监督公署、汉口国民政府外交部

建筑物用途：办公

地址：（现）一元路 5 号 /（原）德租界皓街

结构：砖混

规模：地上 3 层地下 1 层，建筑面积 2200.77 平方米

建筑年份：1905 年

保护等级：武汉市文物保护单位

现房屋所有权人：武汉城投房产集团有限公司

现房屋使用人：武汉市档案局

1927 年的外交部长陈友仁

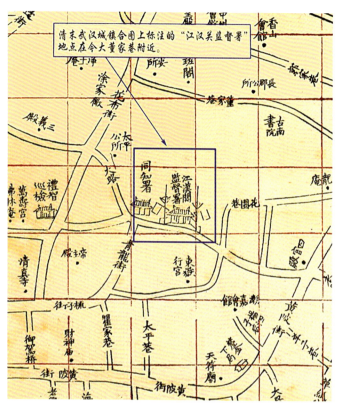

清末武汉城镇合图上标注的"江汉关监督署"地点在今大董家巷附近。

《清末武汉城镇合图》标注的江汉关监督署，地处今江汉区大兴路大董家巷附近

　　1862 年武汉成立江汉关，税务司为外国人。清廷指派汉黄德道署兼江汉关监督，并督理华洋交涉事务，其官署由武昌移驻汉口。首任江汉关监督为郑兰。

　　在汉口德、俄、法租界兴建时，汉口城翼尚未拆除，城内外尚有中方官地十余丈，后拆城镇壕，此段地域不属德、法租界，因而中方江汉关监督公署新大楼设于己方地域。1911 年 10 月 11 日湖北军政府成立，10 月 17 日黎元洪改组军政府，成立外交部。翌年改名湖北省外交司，次年又改为湖北特派交涉员公署。1914 年该公署并入江汉关监督公署，交涉员由江汉关监督兼理。1927 年 1 月 1 日，国民政府从广州迁都武汉，设外交部于该楼，外交部长为陈友仁。

　　该建筑坐南朝北，立面对称，居中二柱宽柱式门廊，大门设门斗，设二十级台阶，基垫较高，底层设半地下室。廊顶有镂雕，窗户兼有方形和拱形，属古典主义建筑风格。

辅义里 27 号

建筑物现在名称：中共中央宣传部旧址暨瞿秋白旧居

原有名称：辅义里 27 号

建筑物用途：住宅

地址：吉庆街 126 号

结构：砖木

规模：地上 2 层，占地面积 400.93 平方米，建筑面积 943.3 平方米

施工单位/人：广兴荣营造厂

建筑年份：1917 年

保护等级：全国重点文物保护单位

现房屋所有权人：武汉市江岸区国资公司

1927 年 3 月，时任中共第四届中央执行委员、中央局成员、宣传部委员的瞿秋白抵达武汉，在辅义里 27 号主持中共中央和中宣部工作。在此期间，他推介了毛泽东的《湖南农民运动考察报告》，筹备了中共五大，与李维汉共同主持了八七会议。1927 年 5 月底革命形势发生逆转，此后根据中央要求，随中央机关一起离汉。1935 年 2 月 26 日红军长征后，瞿秋白留在闽赣坚持斗争，后由组织护送赴上海就医，在福建长汀县水口镇小径牛庄岭被敌人逮捕。1935 年 6 月 18 日，他在福建长汀中山公园凉亭留下最后的风采，从容走向罗汉岭草坪刑场，英勇就义！

辅义里为单元联排形制，有 2 层砖木结构楼房 60 栋，为"汉口巨富"刘子敬建造。2013 年 5 月，辅义里 27 号被列为全国重点文物保护单位。

汉口总商会大楼

建筑物现在名称：汉口总商会暨中华全国文艺界抗敌协会旧址

原有名称：汉口总商会

建筑物用途：（现）纪念馆/（原）办公

地址：（现）解放大道 949 号

结构：砖混

规模：地上 1 层，建筑面积 400 平方米

设计单位/人：汉协盛营造厂

施工单位/人：汉协盛营造厂

建筑年份：1921 年

保护等级：全国重点文物保护单位

　　光绪三十三年（1907年）11月，清廷商务局组织"汉口商务总会"，设商务学堂。光绪三十四年（1908年）鄂督拨汉口后城马路张美之巷西北官地300方，1921年建成会所，改名"汉口总商会"。武汉沦陷前其负责人撤重庆，设"汉口市商会驻渝办事处"，抗战胜利后返汉复会。武汉解放后1949年10月26日武汉市工商业联合筹备会接管汉口市商会等，1952年成立武汉市工商业联合会。1938年3月27日，中国共产党领导下的中华全国文艺界抗敌协会在汉口总商会大楼成立，选出郭沫若、茅盾、老舍、巴金等45名理事，周恩来、孙科、陈立夫为名誉理事，通过了《中华全国文艺界抗敌协会宣言》。文协成立后以抗战文艺进行大量宣传活动，鼓舞了全国军民的抗战士气。抗战胜利后，更名为中华全国文艺界协会。

武汉市总商会现临中山大道大门

中华全国文艺界抗敌协会成立时在汉口总商会门前合影

叶风池寓所 / 程汉卿公馆

建筑物现在名称：原武汉市文化局

原有名称：叶风池寓所 / 程汉卿公馆

建筑物用途：（现）办公 / （原）住宅

地址：（现）友益街 16 号 /（原）友益街 2 号

结构：砖混

规模：地上 3 层，建筑面积 1638.01 平方米

设计、施工单位 / 人：意大利建筑公司

建筑年份：1920 年 /1924 年

保护等级：全国重点文物保护单位

　　1926 年 10 月 10 日，湖北省总工会设机关于程汉卿公馆；1926 年 9 月 17 日，中华全国总工会汉口办事处成立，1927 年 2 月正式在汉口办公，设机关于程汉卿公馆同院叶凤池寓所。当时，中共中央成立中央工人部和工委，李立三为部长，由李立三、林育南、项英、刘少奇等 7 人组成工委。全总机关在大革命时期成为全国工人运动中心，大革命失败后迁上海。叶开泰药店自明崇祯年间与北京同仁堂、杭州胡庆余堂、广州陈李济同为四大药店。第三代、第四代传人叶宏良、叶松亭入仕途，其孙子即两广总督叶名琛。鸦片战争期间叶名琛被英法联军俘虏，囚禁于印度加尔各答，一年后死去。国人佩服其民族气节，叶氏家族生意日隆。1859 年至 1911 年，"叶开泰"名满天下富甲一方。叶凤池为"叶开泰"第九代传人，1912 年接任家族事业，生意照常振兴。程汉卿为湖北督军王占元属下军法处长，北京政府时期成叶凤池女婿。两栋西式楼房犄角相对，形制至今未变。1926 年北伐军攻取汉口，程偕夫人往天津定居，程公馆被武汉国民政府以"逆产"没收。

《国民新报》报馆大楼

建筑物现在名称：假日宾馆

原有名称：《国民新报》馆

建筑物用途：（现）商业/（原）办公

地址：（现）泰宁街 2 号/（原）歆生路忠信二里 4 号

结构：砖混

规模：地上层，建筑面积 2737.19 平方米

建筑年份：1922 年

保护等级：武汉市文物保护单位

现房屋所有权人：武汉城投房产集团有限公司

　　《国民新报》创刊于 1912 年 4 月 12 日，创办人为湖北督军王占元亲信李振（李华堂）。该馆最初设在汉口法租界如寿里，后迁花楼街北巷。1922 年在江汉路泰宁街口（歆生路忠信二里 4 号），修建了《国民新报》馆大楼。1926 年 11 月 25 日汉口《民国日报》创刊，董必武任经理，宛希俨、高语罕、沈雁冰先后任主编。这是大革命时期中共中央宣传部直接领导的全国性日报。1927 年 7 月 15 日汪精卫实行反革命政变后，报社被迫改组，董必武于 7 月 19 日辞去经理职务，由国民党中宣部派曾集熙接替，报纸遂成为反动派的宣传工具，成为国民党的报纸。1983 年 4 月 1 日，被武汉市政府公布为"文物保护单位"。江岸区检察院、武汉市物价所都曾在此建筑内办过公。

　　该旧址占地面积约 650 平方米，在设计上采用三段式构图手法，基座、墙身划分十分明确。入口处设在转角上，顶部有椭圆形穹窿塔楼，很精致，风格独特，属古典主义建筑风格。

日本明信片上的报馆大楼

大石洋行大楼

建筑物现在名称：八路军武汉办事处旧址纪念馆

原有名称：大石洋行

建筑物用途：（现）公共事业 /（原）办公

地址：（现）长春街 57 号 /（原）日租界中街 89 号

结构：砖混

规模：地上 4 层

建筑年份：1924 年

保护等级：全国重点文物保护单位

现房屋所有权人：武汉市文化局

全面抗战爆发后，1937年10月董必武在汉口府西一路（现民意一路汉口安仁里1号）开设八路军武汉办事处，同年12月迁汉口日租界中街89号（现长春街57号）。1937年12月，中共中央长江局机关设办事处。1937年12月至1938年10月，周恩来、董必武、秦邦宪、叶剑英、邓颖超、王明等中共领导人在这里工作。"八办"为八路军、新四军筹备军需物资，输送爱国青年奔赴延安和抗日前线开展了大量工作。曾协助诺尔曼·白求恩、路易·艾黎、埃德加·斯诺等国际友人去往抗日根据地，还协助荷兰摄影师尤里斯·伊文斯拍摄新闻纪录片《四万万人民》。曾将在汉美国主教鲁兹·吴德施等的捐款转交八路军副总司令彭德怀。"八办"原址为日商大石洋行，其总店在日本大阪，1924年来汉设行，经营洋货杂品，抗战初期作为逆产被中国政府没收。1944年美国飞机轰炸日租界时上两层被炸损毁，1978年原址按原貌重建，设纪念馆，1979年3月开放。大石洋行建筑呈四方形，坐西朝东，一楼为商行，二、三、四楼为高级公寓。

抗战时期，叶剑英（左一）、李克农（右二）在八路军武汉办事处前接受美国旧金山华侨洗衣工会捐赠的救护车

长江局负责人与新四军负责人在"八办"合影。左起：张云逸、叶剑英、王明、秦邦宪、周恩来、曾山、项英

德林公寓

原有名称：德林公寓

建筑物用途：公寓居所

地址：（现）天津路 22 号 /（原）英租界天津街

结构：钢混

规模：4 层（3 层正楼、1 层气屋），建筑面积 6544.24 平方米

设计单位 / 人：景明洋行

施工单位 / 人：汉协盛营造厂

建筑年份：1925 年

保护等级：全国重点文物保护单位

现房屋所有权人：武汉市蔬菜公司

现房屋使用人：各承租人

　　1927年"七一五"事变后，中国共产党组织转入地下斗争，中共中央领导人周恩来、瞿秋白、杨之华（瞿秋白之妻）、李维汉，和中央秘书邓小平等人在公寓南端第1栋2楼秘密隐居。南昌起义、秋收起义和八七会议的各项筹备工作都在这里秘密进行，瞿秋白在此翻译了共产国际代表罗米那兹起草的《告全党党员书》。1927年7月25日，周恩来从这里出发，在陈赓陪同下乘船至九江抵南昌，领导了八一南昌起义。1927年9月中共中央迁上海，瞿秋白等人先后由此分赴各地，继续从事革命活动。

　　德林公寓1925年由英商安利英洋行买办王霭臣的父亲、华侨王光投资兴建，为单元连体建筑，底层商铺，上层公寓，五个单元，16套房间，为当时英租界最豪华气派的西式公寓。

20世纪80年代的德林公寓

江岸区辛亥首义烈士陵园

　　武汉市江岸区辛亥首义烈士陵园，是为了纪念在辛亥革命武昌起义暨汉口保卫战中牺牲的无名烈士而修建的。它坐落在武汉市江岸区球场路 2 号，占地面积 4326 平方米，有鄂军起义阵亡将士墓冢六座，墓冢内安葬有 4000 余名辛亥革命烈士，是武汉地区现存辛亥首义烈士公墓中安葬辛亥首义烈士最多、规模最大、保护完好的一处。

　　1911 年，辛亥革命爆发，清廷出兵镇压。为保卫辛亥革命的胜利成果，湖北军政府积极扩军备战奋起反击，于 10 月 18 日至 11 月 1 日，在汉口刘家庙、大智门、韵生路（今江汉路）、硚口一线与清军进行了激战。在清陆海军的夹攻下，革命军浴血奋战，终因兵力悬殊，最后退守汉阳，牺牲上万人。在汉口保卫战中阵亡的鄂军将士遗骸，均由战时红十字会出面收集，就地掩埋。球场路墓冢内合葬的是 10 月 27

日至 28 日，在汉口刘家庙、大智门一线战斗中牺牲的无名烈士遗骸 2000 余具，当时堆成六座大墓冢，名"赤十字会义冢"，俗称"六大堆"。

1912 年 2 月由红十字会在每座烈士墓冢前立"国殇"墓碑，以志纪念。1913 年红十字会和汉口各慈善团体，将此处始建为公墓。墓壁上镶嵌着鄂省都督黎元洪题书的墓碑额"铁血精神"及"鄂军起义阵亡诸烈士墓"的墓名。

抗战胜利后，1946 年时任武汉行营主任的程潜下令汉口市政府在原址加以修葺，围以栅栏，建园立碑。陵园坐东朝西，定名为"辛亥首义烈士陵园"，所立墓碑上刻有程潜题书的"辛亥首义烈士之墓"碑名。

1985 年武汉市及江岸区人民政府根据武汉市七届人大三次会议的提案决定，拨专款重建陵园，另立新纪念碑。纪念碑正面基座上镌刻着辛亥革命老人喻育之撰书的纪念碑文。重新合建六座烈士墓，并排三座，分列于纪念碑南北两侧。每座墓冢前后汉白玉墓壁上，均镌有"铁血精神"及"辛亥首义烈士之墓"的字样和红"十"字标志。

2011 年，辛亥革命百年之际，各级政府对烈士陵园的保护与管理工作给予了高度重视，拨专款进行了全面大规模的修缮保护。

陵园于 1956 年被列为"湖北省重点文物保护单位"。1989 年被列为"武汉市重点烈士纪念建筑物保护单位"。1995 年分别被湖北省政府、武汉市政府命名为"湖北省爱国主义教育基地"和"武汉市爱国主义教育基地"。

重现中共中央宣传部、瞿秋白旧居的红色印痕

中共中央宣传部旧址暨瞿秋白旧居位于汉口江岸区吉庆街 126 号（原辅义里 27 号），原建于 20 世纪 20 年代，为砖木结构石库门住宅建筑风格，1927 年 3 月时任中国共产党第四届中央执行委员、中央局成员、宣传部委员的瞿秋白主持中宣部工作时的办公室兼住宅。

在这里，瞿秋白主编了中国共产党第一份日报《热血日报》，印刷了大量革命书籍，使当时的中共中央宣传部起到了"理论播种机"与"革命发动机"的作用。1927 年 4 月，武汉长江书局出版了毛泽东同志的《湖南农民运动考察报告》单行本，瞿秋白把报告交给了长江书局，以《湖南农民革命》的书名出版，并写下了序言："中国的革命者个个都应当读一读毛泽东这本书，和读彭湃的《海丰农民运动》一样。"

2009 年至 2010 年，经多方考证，确定该处为中宣部旧址和瞿秋白居所在地，2010 年 8 月，武汉市召开专家论证会，认定"辅义里 27 号"为中宣部旧址，随即得到中宣部认可，2013 年 5 月被国务院公布为全国重点文物保护单位。

2014 年，江岸区委、区政府按照修旧如旧、还原历史的原则，投入 1800 万元对旧址房屋进行安全加固和保护性整修，并由长江日报全媒体运营中心设计布展。

2016 年 1 月 29 日，在瞿秋白同志诞辰 117 周年纪念日之际，"汉口中共中央宣传部旧址暨瞿秋白旧居陈列馆"正式开馆。

陈列馆建筑面积 943.3 平方米，展馆面积 400 余平方米。陈列内容共分为瞿秋白来汉前经历、在汉工作情况、离汉后革命活动，以及当时中宣部工作生活场景复原等 6 个部分内容。馆内展示有大量文献资料、历史图片及瞿秋白手稿等革命文物。

陈列馆内陈列的瞿秋白卧室兼办公室

油画展示瞿秋白撰文推荐《湖南农民运动考察报告》

第十四章

风貌区的旧貌新颜

"武汉天地"历史建筑的再生意义

"武汉天地"位于武汉长江二桥旁,是 2005 年在江岸区政府主导下打造的武汉国际高端服务业聚集区。该地原为汉口永清片旧街区,为 1898 年日本在汉口建立的租界区,抗战时期八路军办事处、新四军军部均设此地。1944 年美军轰炸汉口,日租界损毁严重,1945 年日本战败,日军日侨撤离回国,其房产等被国民政府作为逆产没收,成为当时军、政、商界要人居所。永清片保留的老地名有以抗日将领名字命名的刘家琪、张自忠、郝梦龄、陈怀民路;以日军侵占的东三省城市命名的沈阳路、大连路、抚顺路、山海关路、卢沟桥路、长春街等,原贯穿日租界的主要道路大和街,则被命名为胜利街。地域的历史信息非常丰富。

2005 年 4 月,香港瑞安集团投资建设武汉天地项目,该地域东邻沿江大道,南接卢沟桥路,西连京汉大道、解放大道,北与滨江苑用地接壤,总面积 61.92 公顷,分为 A、B 两地块。其中永清商务综合区一期(A 地块)东邻沿江大道、南接卢沟桥路、西连京汉大道,北与黄浦路接壤,用地面积 29 公顷。"武汉天地"设置大量住宅、办公、酒店、零售、餐饮、娱乐集群设施,其商业诉求十分浓烈,该区域内历史建筑的再生利用

尤其令人耳目一新,具有商业开发借助历史资源助推经济发展的典型性意义。

在永清片拆迁时,区域内发现了 22 幢历史建筑,其中 11 幢颇具历史价值,最终得以保留的历史建筑有:

(原)大华里门楼 /(现)"大华里门楼";

(原)刘家祺路 7—13 号住宅、李石樵公馆 /(现)武汉天地 3 号楼;

(原)长春街 87 号、夏斗寅汉口公馆 /(现)武汉天地 3 号楼;

(原)刘家祺路 14—17 号 /(现)武汉天地 3 号楼;

(原)长春街 85 号、日本明治寻常高等小学教师住宅 /(现)武汉天地 3 号楼;

(原)长办 4 号宿舍楼 /(现)武汉天地 5 号楼;

(原)长办 5 号宿舍楼 /(现)武汉天地 6 号楼;

(原)长办 9 号宿舍楼 /(现)武汉天地 8 号楼;

(原)胜利街 289 号 /(现)武汉天地附 8 号楼;

(原)日本明治寻常高等小学校校长公馆 /(现)芦沟桥路 66 号。

这些建筑主要分布在新建区域(A 地块)与老街区相邻的位置,这些区域已改建成新的商业步行街区。走

在"武汉天地"的新街区中，不时有一幢幢沧桑的老建筑映入人们的眼帘，新的环境延续了自汉口租界时期形成的城市肌理，他们与周边的城市道路顺畅衔接，城市的历史记忆被融入新的生活，形成新旧交融的社交生活街区。"武汉天地"是个商业开发项目，却为历史建筑和历史街区的再生与利用探寻了一条路径，最终形成了一项兼顾经济发展与文化需求的再生策略。在这里，历史建筑不仅不是占用资源的累赘，而是作为稀缺资源体现了特殊的经济价值和环境价值。"武汉天地"的历史点位最终形成的是文化展示，由其烘托和营造的城市环境氛围使这里的经济发展张力异常活跃，截至2022年3月，"武汉天地"入驻的外资及境外驻汉机构超过400家，其中包括百胜、思

保留的历史建筑有：

（原）大华里门楼／（现）"大华里门楼"

（原）刘家祺路7—13号住宅、李石樵公馆／（现）武汉天地3号楼

（原）长春街87号、夏斗寅汉口公馆／（现）武汉天地3号楼

（原）刘家祺路14—17号／（现）武汉天地3号楼

（原）长春街85号、日本明治寻常高等小学教师住宅／（现）武汉天地3号楼

（原）长办4号宿舍楼／（现）武汉天地5号楼

（原）长办5号宿舍楼／（现）武汉天地6号楼

（原）长办9号宿舍楼／（现）武汉天地8号楼

（原）胜利街289号／（现）武汉天地附8号楼

（原）日本明治寻常高等小学校校长公馆／（现）芦沟桥路66号

科、甲骨文、惠氏、渣打银行、东亚银行、三菱日联银行、三井物产、全日空航空、英国驻武汉总领事馆、韩国旅游局、香港贸发局、澳门投资促进局等。"武汉天地"项目已完成投资174.6亿元，项目建设及交付面积已达146.8万平方米，企业累计纳税42.3亿元。

大华里门楼地处长春街与卢沟桥路交会处，为长办宿舍区大院门楼。在改建后的环境中，门楼后的宿舍楼均已拆除，被一栋五层商业楼取代，门楼所处环境发生了巨变。对于新场所而言，其"门"的实用性虽已消失，却成为人们的"记忆之门"，门楼上的岁月痕迹已成为武汉天地新场所里珍贵的历史纪念物。

长春街85号与刘家祺路7—13号是两栋相邻而立的花园式住宅，处于商业步行街的拐角处，设计师在原址上针对两种不同功能的空间进行转型，将二层室外平台围栏从建筑的一端延续至另一端，将两幢历史建筑连为一体，为商业活动提供多种形态的结构空间。

长春街85号与刘家祺路7—13号是两栋相邻而立的花园式住宅，处于商业步行街的拐角处，设计师在原址上针对两种不同功能的空间进行转型，将二层室外平台围栏从建筑的一端延续至另一端，将两幢历史建筑连为一体，为商业活动提供多种形态的结构空间。

黎黄陂路街头博物馆

　　黎黄陂路位于江岸区南部，呈东南至西北走向，东南邻沿江大道，西北与中山大道接壤，全长 604 米。黎黄陂路所在地域于 1897 年成为汉口俄租界，1900 年由租界当局修建成路，以沙皇亚历山大二世私生子、俄国太平洋舰队海军司令叶夫根尼·伊万诺维奇·阿列克谢耶夫而得名阿列克谢耶夫街、又称铁路街，又因为"铁"的繁体字"鐵"而讹为夷玛街。从沿江大道（原尼古拉大街）至中山大道（原亚历山德罗夫街）中途与洞庭街（原鄂哈街）、鄱阳街（原开泰街）、胜利街（原玛琳街）交会。1925 年改称黄陂路，1946 年元旦，国民政府在收回汉口全部租界后，为纪念 1911 年辛亥革命武昌起义成功后，曾任鄂军政府都督，民国大总统的黎元洪，而命名为黎黄陂路（黎为湖北黄陂人）。1967 年改名韶山路，1972 年恢复原名黄陂路，1982 年复名黎黄陂路。明末清初，沿街设有多处洋行，会所、医院、教会大楼，至今保留了十多处巴洛克式和西班牙风格欧陆建筑。其建筑形态完整保留的有华俄道胜银行、那克伐申公馆、信义会公所、美国海军基督教青年会、珞珈山街高级住宅区、涂堃山傅绍庭公馆、裕民洋行、高氏医院、惠罗公司、巴公房子、法国首善堂、怡和洋行公寓，历史建筑旧址有顺丰洋行、邦可花园、基督教青年会汉口会所、万国医院。

　　黎黄陂路有着多处影响中国历史进程的重要旧址，如身处惠罗公司大楼的"八七"会议会址、胜利街

黎黄陂路已成为城市"慢生活"街区的代表

的中共中央机关旧址、珞珈山街的中共中央长江局旧址。中华人民共和国成立初，中共武汉市委机关则设于道路中段的涂堃山傅绍庭公馆。此外，民国时期武汉国民政府财政部、国民党汉口特别市党部也曾设于这条街道。黎黄陂路在中华人民共和国成立后曾设有军事医学研究所、中共江岸区委、湖北省纺织品进出口公司以及省、市基督教教会机构。黎黄陂路仿佛一条历史的纽带，将中国近现代史中诸多精彩的篇章承载其间，走近这些街头建筑，犹如走进了一座座历史博物馆，犹如走进了历史！

从 1997 年开始，江岸区着手规划建设黎黄陂路街头博物馆，街头的十几栋历史建筑按照"整旧如故"原则"正本清源"，露出了岁月的痕迹，呈现出浓郁的历史街区风貌。黎黄陂路的变化吸引着人们的眼光，逐渐成为汉口区域的热门地带之一。2015 年底，黎黄陂路步行街建设工程启动，2016 年建成开街，此时，整条街道上聚集了博物馆、咖啡馆、个性餐饮、精品小店、文创企业等数百家店铺。红瓦石墙的老房，典雅古朴的窗棂，静谧别致的珞园，郁郁葱葱的大树，混搭着浓郁的市井烟火气，使黎黄陂路以其特有的文艺气质，吸引了众多前来打卡的网友和慕名而来的游客。2019 年，"漫品生活，啡尝江岸"首届黎黄陂路咖啡音乐节在这条古老的街区揭开帷幕，江岸区委宣传部、文体旅游局、一元街道办事处等部门与此同时联合打造文创市集、云上非遗等各类活动，咖啡、文创、音乐等各类时尚元素与这里厚重的历史相融合，吸引了数百万名网友围观，吸引了中央省市媒体的聚焦。从那时以来，黎黄陂路逐渐发生着改变，当人们匆忙的脚步走到这里时便慢了下来，"黎黄陂咖啡"的飘香、"平和文创"的作品、"江岸非遗"的传承和沿街的文明氛围使人们放慢了脚步，使这里成为城市"慢生活"街区的代表，黎黄陂路"慢"了下来，它的"慢"充斥着对历史的慢慢品味、对革命前辈由衷的敬畏，对时尚的追求、对生活的珍惜和对美好前景的期盼与展望。

(1) 华俄道胜银行
(2) 源泰洋行
(3) 中华基督教信义大楼
(4) 美国海军基督教青年会
(5) 裕民洋行
(6) 俄租界工部局
(7) 高氏医院
(8) 基督教青年会汉口分会所
(9) 顺丰茶厂
(10) 邦可花园
(11) 巴公房子
(12) 惠罗公司
(13) 珞珈山街高级住宅区
(14) 五花宾馆
(15) 汉口首善堂
(16) 日伪汉口放送局
(17) 万国医院

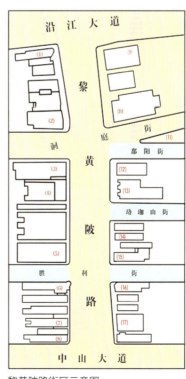

黎黄陂路街区示意图

吉庆街嬗变

　　吉庆街位于江岸区中山大道中段以北，东起大智路，西至江汉路，长550米，1926年前后形成街道，房屋道路多由军政显要、绅商买办投资建设"模范区"时兴建。1930年起名吉庆街，1967年改名先锋街，1972年大智横街并入，复名吉庆街。20世纪20年代，大智路吉庆街口的一洞天茶楼曾为武汉工人运动聚集之地，大革命失败后曾为共产党人秘密接头点之一。1931年受汉口水灾和经济萧条影响，吉庆街百业凋零，此后历经抗战时期武汉沦陷，至1949年中华人民共和国成立前，茶馆等商业店铺大批倒闭，市面萎靡不振。

　　武汉解放后商业逐渐恢复，1963年，一洞天茶楼改为大智餐馆，沁园春茶楼改为食堂，汉泉茶楼改为旅社。1978年以后，吉庆街茶楼出现新业态，街上的餐馆、旅店、浴池开办音乐茶座，还开办了各种小茶馆。1999年因城市更新，一洞天茶楼被拆除，此后，在吉庆街大智路口的街面上出现了夜市大排档，这种"挖地脑壳"式的宵夜方式迅速受到武汉市民青睐，大排档迅速扩张，从大智街口向内延伸了170多米。一到晚上，几百个餐饮台位把街面挤得满满当当，至午夜12点后达到高潮。作家池莉以吉庆街为题材的小说《生活秀》，改编成电影后获得"金鸡""百花"奖，令吉庆街名扬全国。她曾经这样描绘吉庆街的食客们："（他们）在一帮人的簇拥中迷迷糊糊坐定，回过神来才发现，自己到底是进了'芳芳''明

明''顺记''园园''小妹''玲玲''歪歪'哪家排档？猝不及防，只能摇头一笑。"吉庆街的烟火气造就了大批民间弹唱艺人，也有艺校学生、音乐学院教授、写字楼白领参与其间，高峰时达到200多人，成为武汉民间文化的表现特色之一。2002年，吉庆街被政府树牌为"中华美食民俗文化一条街"。

　　然而，吉庆街的简陋与脏乱与现代化大都市的发展要求渐行渐远，与周边居民生活环境矛盾日益突出。2008年，大智路过江隧道建成通车，改变了这里的交通格局，使吉庆街的食客流量日趋减少，昔日热闹喧嚣的场面渐渐淡去。保住吉庆街的烟火气，保留和延续这一特点鲜明的民间文化场所成为当务之急！

　　2009年江岸区启动吉庆街建设项目，通过恢复传统建筑、对艺人集中管理与保护等方式，为吉庆民俗文化产业化发展提供平台。一

吉庆街旧影

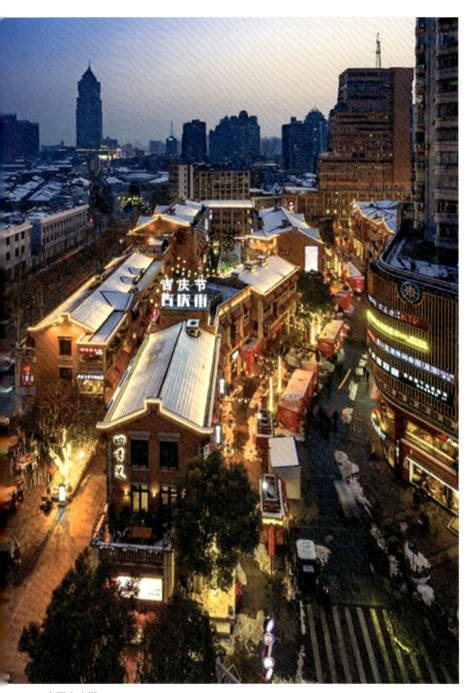

鸟瞰吉庆街

个新的"吉庆民俗文化街"呼之欲出！吉庆街项目东邻中山大道，南接黄石路，西连铭新街，北与大智路长江隧道接壤，占地面积 8.39 公顷，按一、二、三期分别建成美食生活、民俗创意、文化馆藏三大功能区。2016 年 12 月 28 日，经过升级改造后的吉庆街与中山大道同步开街。至今，入驻吉庆街的武汉老字号有老通城、蔡林记、四季美、汪玉霞、冠生园、老万城、德华楼、田恒启、东来顺，他们已成为这里的人气引擎；骏骏牛肉粉、膳福记水饺、老巷子臭豆腐等则为食客们提供着新口味。由武汉市群艺馆、武汉市民间文艺家协会联合举办的"吉庆街大汉口届会"，使这里成了"非遗"传承人的聚集地；每年 200 多场次的传统戏曲、湖北地方曲艺、通俗民谣文艺演出，则将老吉庆街弹唱以更热烈的形式在新吉庆街进行展示；"吉庆之星·逐梦之旅"和"街头艺人才艺大赛"，让 200 多组民间艺人重归故里，赋予了他们新的时尚艺术标签。至今，吉庆街已纳入"汉口历史文化风貌区"，成为国家 3A 级旅游景区，呈现出"吉云照影触樽尽显生活秀，庆雨映灯弦歌舒展岁月稠"的独特意境。

武汉剧院文物保护工程

　　武汉剧院，地处汉口解放大道循礼门东侧，由中南工业建筑设计院（现中南建筑设计院）设计，1959年10月建成，建筑面积8.480.03平方米。建成至今为武汉市党政大型会议与国内外大型文艺演出的重要活动场所。1965年4月13日，毛泽东、周恩来、陈毅等党和国家领导人曾在此观看大型音乐舞蹈史诗《东方红》，1988年5月，国家主席李先念曾在此观赏文艺演出。2011年，武汉剧院列入武汉市文物保护单位。武汉剧院建筑以西方古典主义轴线对称、正立面竖向三段式构图，为苏联式建筑风格，是民族形式简约化的作品，极具20世纪50年代的年代烙印。从1963—2009年，武汉剧院曾进行多次维修改造和增建。2019年，武汉市启动"武汉剧院文物保护工程"立项，该工程遵循"修旧如旧"的文物修复原则，对剧院的配电、暖通、消防、安防、舞台设备等进行保护性维修整改，在主体建筑外墙及观众厅内饰等处的维修处理上力争"物归原貌"。该工程于2020年10月动工，2021年7月完工，2022年5月通过验收。武汉剧院是武汉市"最年轻的文物"，是武汉市民心目中的"人民大会堂"，是普通百姓亲近艺术的文化殿堂，是目前少有的仍在保持原有功能并依然正常使用的历史建筑。现在，刻有时代年轮的武汉剧院以一副朝气蓬勃姿态呈现在人们面前。

　　1956年，武汉剧院原拟选址中山大道南京路口之下至黄石路口之上，涉及拆除今武汉美术馆（金城银行旧址）大楼，被市委主要领导否决，后选现址。主要设计师一般认为是中南工业建筑设计院（现中南建筑设计院）的何浣芬，其后来曾任职武汉市副市长。

　　2020年10月，武汉剧院文物保护工程正式开工，此次工程主要包括1栋主体和3栋附属文物建筑，着重于功能提升、体验提升、物归还原，在剧院维修史上规模最大，投资最多，工期最长。剧院舞台设备、候演区、消防、配电、空调等主功能和辅助功能在升级改造后得到明显提升。对1418个座位和地面水磨石进行了更换，其外观设计和风格与早期座椅保持一致，座椅上新增了电子投票系统。

　　2022年，经过文物保护工程整修的武汉剧院以一副朝气蓬勃姿态呈现在人们面前。

1959年即将建设完成的武汉剧院

2022年整修完工后的武汉剧院

江岸重要老影院今昔

一、中原电影院

中原电影院位于武汉市江岸区洞庭街 74 号，与巴公房子旧址隔街相望，属汉口俄租界。中原电影院始建于 1928 年，占地面积 1021.4 平方米，楼高三层。

中原电影院前身为上海大戏院，又名上海影戏院，位于两仪街（今洞庭街 74 号），由浙江籍旅汉商人陈松林出资兴建，1930 年 2 月正式开业。其招牌"上海大戏院"由书法家石榴园所书。1932 年，陈松林与美国福克斯、派拉蒙等影片公司直接签订合同，放映有声片，并用重金聘请翻译，配中文字幕，成为汉口电影业的佼佼者。抗日战争开始后，该院成为重要军政人物集会场所，国民参政会第一届第一次会议在此召开。

中原电影院旧影

解放电影院近影

武汉沦陷前，将全部机器设备撤往重庆。武汉沦陷后被伪政府征用。1945 年由第六战区司令长官部接管。8 月恢复营业。1946 年，继续放映中外影片。新中国成立初期，曾改名为延安电影院。1953 年，军管会将该处房产收归国有交给武汉市人民政府，市政府交给文化局。1958 年，文化局交给武汉市电影发行放映公司经营。1987 年，武汉市电影发行放映公司投资改建成武汉市第一家豪华型特轮多功能电影院。

二、解放电影院

解放电影院位于武汉市江岸区蔡锷路 28 号，距汉口江滩不足 300 米，属汉口法租界。解放电影院始建于 1918 年，是百年建筑，不可移动文物。占地面积 785.28 平方米，楼高三层。

解放电影院前身系 1918 年福煦大将军路开设的威严大戏院（亦名九重天大剧院，今江岸区蔡锷路 28 号），是汉口第一家正式电影院，为西班牙人拉木斯创办并经营。房屋结构比较简单，专映外国电影，营业不佳。后易名威廉大戏院和皇后大戏院。1930 年初出让给意大利人鲍特，鲍特于当年筹资改建，改名中央大戏院，改用有声放映机，专映外国影片，兼营发行。是租界区唯一有冷暖设备的高级电影院，为武汉各戏院之首。1941 年太平洋战争爆发后，日军禁止该院上映美国影片，遂专映国产片，后改名九重天电影院。

1949 年武汉解放后，影院改名为解放电影院。1953 年，军管会将该处房产收归国有交给武汉市人民政府，市政府交给文化局。1958 年，文化局交给武汉市电影发行放映公司经营。影院经 20 世纪 70 年代、80 年代、90 年代三次大的改建，形成现在房屋面积 1766.66 平方米。

三、武汉电影院

武汉电影院位于武汉市江岸区蔡锷路 32 号，与解放电影院一街之隔，近中山大道，距汉口江滩不足 400 米，属汉口法租界。

武汉电影院始建于 1920 年，占地面积 1046.97 平方米，楼高三层。武汉电影院最早名为汉口大戏院，院名多次变更，曾改为中华大戏院、康登大戏院、明星大戏院。1929 年以前，由法商立兴洋行租给意大利人鲍特经营。1930 年由郑孝坤改建，该院放映设备及建筑均为上乘，更名明星大戏院。同年 7 月 11 日，工部局董事会发给建筑许可证。京剧演员刘筱衡、小杨月楼等在此演出过。

武汉解放后，影院改名武汉电影院，是武汉市的重要影院。1981 年，武汉市电影发行放映公司筹资 34 万元对武汉电影院进行大修，建成武汉市首座立体声电影院。

活力永续的武汉工业遗产：武汉肉联厂

　　武汉肉类联合加工厂简称"武汉肉联厂"，位于江岸路 12 号。新中国成立后，全国开始大规模社会主义经济建设，急需大量外汇换取建设物资，中南地区生猪产量占全国的 1/3，武汉水陆交通便利，中央决定在武汉兴建国内第一家规模最大的肉类联合加工企业。1952 年开始筹建时，苏联专家将厂区选在长江武汉城区取水口下游，以避免污染。设计时将京广铁路纳入厂区中心穿过，厂区内建有铁道专用线与其接轨，在厂区东南紧靠长江航道一侧建有专用码头。武汉肉联厂建设工程于 1958 年 3 月 10 日建成投产，从此，我国生猪屠宰由几千年的作坊式小生产转向现代工业大生产方向发展。武汉肉联厂可日宰生猪 6000 头，最高曾达 15785 头（1979 年 5 月 24 日），冷库低温冷藏量为 2.2 万吨，装机容量为 9933 千瓦。主要产品有鲜、冻猪肉，猪肉制品，肉类罐头，生化药品，综合利用制品，肉类加工机械等六大类 163 个品种。建厂之初，该厂便利用生猪脏器和腺体生产出 54 种生化药物。武汉肉联厂历年生产名优产品 16 个，出口产品 48 个，产品远销苏联等 20 多个国家和地区，在全国商业系统内屡获嘉奖。该厂职工学校为全国

20 世纪 70 年代的肉联厂鸟瞰，可见厂区东南紧靠长江航道一侧的专用码头

1958 年 3 月 10 日武汉肉类联合加工厂建成投产

1958 年 12 月 13 日，国家领导人朱德视察武汉肉联厂

同行培训技术和管理人员 1600 余名，并编辑《计协通讯》《肉类工业》月刊向行业提供信息。武汉肉联足球队曾参加 1958 年全国足球乙级队联赛武汉赛区比赛，当时的这个级别相当于今天的中甲球队，肉联足球队曾获得武汉市业余足球联赛 12 连冠，在武汉职工体育界闻名遐迩。当年，武汉肉联厂与武汉钢铁公司、武汉重型机床厂、武汉长江大桥一起并称为武汉对外接待参观的"四大家族"。计划经济时期，武汉肉联厂只管屠宰，销售由武汉市食品公司计划采购，1984 年生猪（屠宰）市场放开后，一时难以适应，步入困难时期，1992 年肉食品经营市场全面放开，"肉联"开始陷入困境，连续 10 年出现巨额亏损。1998 年被武汉市政府列为全市 20 家特困企业之一。面对困难局面，"肉联"调整思路，经过考察，发现以低温冷库为基础的冷链物流产业蕴藏商机。2002 年，由武汉肉联厂改制而成的武汉肉联食品有限公司成立，确定以冷储为主业开展经营，第二年即结束 10 年亏损，至 2005 年实现年利润 800 万元。2007 年"肉联"与武汉万吨冷储进行战略重组，成为现代冷链物流企业，年交易量达 30 万吨，交易额逾 40 亿元，居国内前列，华中地区第一。

武汉肉联厂旧址已列入武汉市第一批工业遗产名录，2017 年，规划为工业保护用地和保护性商业服务用地，其中工业保护用地约为 2/5，保护性商业服务用地约为 3/5。

江岸，怎么就成了"顶流"？

2023 年 4 月 28 日下午，湖北省委书记、省人大常委会主任王蒙徽以"四不两直"方式，深入武汉市江岸区调研检查历史风貌区建设

曾有人说："武汉这座城市很特别，既有南方的柔媚，亦有北方的粗犷，南北交汇，东西对接，什么地方的人都能在这里找到适合自己的地方。"

而在武汉，逛街消费的顶流，一直在江岸。

【从饮茶到卖茶】

明成化年间汉水改道以后，汉口独立成镇，南来北往的商品、人流汇聚于此，造就了城市的繁华。因茶叶贸

易的兴盛，带来了近代汉口浓郁的饮茶之风，其余韵流响至今。

大规模的人口流入使汉口成为一个移民城市，也造成了成千上万的茶客，催生了大批的茶馆。19世纪80年代，汉口人口只有18万，到1911年则达到59万人，而同一时期的武昌仅16万人，汉阳仅7万人。与人口增长同步，汉口茶馆数量快速增长。据《汉口丛谈》记载，清1909年，汉口茶馆的数量达到250家，占武汉三镇茶馆的60%。1918年，汉口的茶馆增加到696家，1928年又增至1117家，1933年茶馆竟达1373家。

由于汉口位于湖北、湖南、江西、安徽、河南等主要产茶省的中心地带，按照《清史稿》记载，通过水路在汉口汇聚的甚至还有四川、陕西、甘肃等地茶叶，汉口也由此成为全国最大的茶叶集散地，并以"东方茶港"闻名于世。

"汉口商务之盈绌，尤专视茶叶之盛衰。"茶叶代表了汉口商业的繁荣，更关系着汉口商业的兴衰。开埠之前，汉口就已形成了茶叶市场，如1837—1839年，由汉口经恰克图销往俄国的茶叶年均即有7万多担；1862年，销量跃升到21.6万担。1871—1890年，汉口年平均出口茶叶200万担，茶叶贸易进入鼎盛期。当时，长江沿岸每天停泊茶船近千艘。国内60%的茶叶出口在汉口完成，时间长达60年，全盛时期甚至高达80%。

19世纪末，由于印度等地茶叶和机制茶的崛起，我国出口英美的茶叶逐年衰微。但是，俄国仍然习惯饮用来自汉口的茶叶，使得汉口茶叶贸易得以延续繁荣。例如，1891年汉口运往俄国的茶叶仍然达到18.3万担。茶叶从汉口出发横跨亚欧大陆，在长达13000千米的里程中一路芬芳，被称为"万里茶道"。

而"万里茶道"在武汉留下的最深印记，就在江岸的巴公房子。

【穿越时光的历史印记】

通过高水准的维修改造，让113岁的巴公房子"活起来"，是江岸保护历史文化建筑最得意的一笔。

与此相仿的，还有咸安坊。

咸安坊位于武汉南京路与胜利街交界处，是国内保存最完善的石库门建筑群之一，也是汉口里分的代表。

里分之于武汉，恰如胡同之于北京，是城市无法割

舍的文化页签。

历时 5 年，投资超 4 亿，江岸的文保专家"修旧如旧"，完成了咸安坊钢窗蜡版复刻、保护性修缮，还原了这里的里份文化。"框架基本保存了，下面还加了钢筋加固，毕竟有 100 多年。"武汉咸安坊居民范良勇说。

如今的咸安坊，其石库门式的建筑群，拍起照来非常有腔调。红墙黑瓦、长长的巷子、百年洋房的大阳台……10 组建筑，风格色彩统一，近万平方米的街区，道路畅联……百年老街咸安坊经过修缮，如今焕然一新。

不仅如此，把建于 118 年前的平和打包厂变成年轻创业者的天堂，拓宽人行道，让行人在青岛路的历史建筑中穿梭……江岸的历史印记与今日的联系，一两句话说不完。

武汉人如果互相攀比、凡尔赛起来，江岸人无疑底气最足：随便哪条街走一走，要么是历史的转角处，要么是风景的回廊亭；随便一幢楼，随便一个门牌，都让人心生敬畏和向往。

那些宽阔整齐、看上去一尘不染的马路、街道，那些风格高雅的历史建筑，那些错落有致、恰到好处的街头造型、植物景观，还有成群的打卡达人、型男型女……让你觉得，如果不讲究一下穿戴、端着一种范儿上街，好像融不进这种潮流。

从沿江大道某幢楼出来的人，大多是体制内的，脸上写着"主流"和"重要"，是找对象最受欢迎的一群人。

而住在解放公园路、黎黄陂路、一元路到同兴里、咸安坊这些地方的土著居民，自带正宗武汉人的"光环"，无论是清晨拎着一天中最新鲜的青菜进门，还是傍晚牵着一只雪白毛球的狗狗出门，都是衣着周正、体面讲究的范式。

【大汉口的中心】

作为大汉口的中心，江岸确实不想有优越感都不行。

1861 年汉口开埠以来，江岸沿江一带就成为华中地区对外开放的高地，开银行、修码头、办工厂、兴航运等，来淘金的人层出不穷。

1906 年，轰隆一声，京汉铁路上的第一辆机车从江岸驶出。大智门火车站是这条国家大动脉的起点，被称为"亚洲第一站"。1912 年，享誉"中国铁路之父"的詹天佑举家迁至武汉，还亲自设计修建了自己的住所，既有欧式的建筑格局，又有中式的气韵，到如今仍保留着历史风貌。

一元路、二曜路、三阳路、四唯路、五福路、六合路，构成了汉口城区最具特色的系列路名，是 1918 年德租界收回后，六条道路对应直通的六个江边码头，依次按一到六的序数被重新命名。

武汉第一条公交线路、第一座五星级酒店、第一条轨道交通都是在江岸区域内诞生，一骑绝尘登上舞台。

江岸，是历史的，也是现代的；是时尚潮流的，也是工作宜居的。

目前，江岸区已成为武汉高端楼宇最集中的城区之一。

2022 年，武汉市新增纳税亿元以上商务楼宇 5 栋，就有 4 栋在江岸，武汉天地的平安金融中心创造了全省首栋纳税超 10 亿元楼宇的纪录，被誉为"楚天纳税第一楼"。

在"寸土寸金"的江岸区，目前已有 81 座高端商务楼宇，其中，5A 级写字楼 9 栋、纳税亿元楼宇 24 栋、10 亿元楼宇 3 栋。从平安金融中心到企业天地 1 号，武汉天地商务集群的崛起，正是江岸经济飞速发展的缩影。

（媒体综合报道整理）

第十五章

特写·叁

三峡集团的产业巨擘效应

2021 年 9 月 26 日上午 9 时，中国长江三峡集团总部搬迁武汉大会召开标志着中国长江三峡集团总部从北京回迁到湖北。

1993 年 9 月 27 日，为建设三峡工程，经国务院批准，中国长江三峡工程开发总公司正式成立，总部设立在湖北宜昌。2009 年，更名为中国长江三峡集团公司。2011 年，公司宣布分别在北京、宜昌、成都三地组建总部。2017 年，公司名称变更为中国长江三峡集团有限公司，是国务院国资委直属央企。在总部搬迁至武汉之前，三峡集团总资产 2/3 在湖北，员工中近 2/3 是湖北人。

区机关办公大楼两周腾空

此次搬迁，三峡集团提出"能迁全迁、应迁尽迁、能投尽投"，而湖北则承诺：尽湖北所能、倾湖北所有，"该支持的全支持，能保障的全保障，应服务的全服务"，以"待自家人、办自家事"的理念，扎实有序推进三峡集团总部搬迁工作。

为此，三峡集团提出了 17 个事项，请湖北支持。2021 年 5 月，省政府 8 次召开专题会议，研究部署三峡集团搬迁工作。武汉市江岸区专门成立支持三峡集团搬迁工作领导小组，下设办公场所服务保障组、过渡住房服务保障组、教育医疗服务保障组等 6 个服务保障组，当好属地"店小二"，全方位服务三峡集团总部搬迁工作。

"为保障三峡集团顺利回迁，我们主动把区机关大楼腾出来作为中国三峡集团办公地。800 余名干部职工通宵达旦，仅用两周时间就完成了整个机关的搬迁。"江岸区委副书记、区长余志成讲述了中国三峡集团"回家"背后的故事。

搬迁两年来，江岸区政府主动加强与三峡集团沟通对接，积极为三峡集团在汉生产生活提供便利条件，为服务中央企业搬迁落户湖北武汉作出了表率。

十余家子企业落户江岸区

三峡集团总部搬迁到武汉，标志着武汉推进总部经济高质量发展进入新阶段。

2021 年 9 月 26 日，三峡集团分别与省政府、武汉市政府、宜昌市政府签署战略合作协议，谋划推动重大工程项目 154 个、总投资 3645 亿元，助力湖北打造一批千亿级产业集群。这 154 个项目，涉及长江大保护合作、推动湖北能源做强做优做大、推动"双碳"合作实现绿色发展转型等 6 个方面。

　　三峡集团因三峡工程而生，成立30年来，始终坚守绿色发展主赛道，已成为全球最大的水电开发企业和我国领先的清洁能源集团。截至目前，三峡集团总装机1.28亿千瓦，资产规模1.3万亿元，主要经营指标在中央企业中名列前茅。

　　"搬迁两年来，三峡集团牢牢把握总部搬迁带来的机遇，以更高站位、更大力度谋划推进企地合作取得新实效。"中国长江三峡集团有限公司办公室负责人李宏光说，三峡集团积极在地方经济社会发展中贡献三峡力量，推动十余户子企业落户武汉市江岸区。面对2022年夏季极端高温叠加极端干旱、用电负荷屡创新高、电力保供压力巨大等挑战，三峡集团坚决当好能源电力保供"顶梁柱"和"主力军"，保障能源供应。

　　在武汉市统筹推进约200亿元生态环保项目，三峡集团系统实施重点河湖整治，汤逊湖、梁子湖重现水清岸绿，光谷生态大走廊成为城市新名片。此外，三峡集团还联合武汉市共同打造三峡科创园，加强与武汉地区高校院所合作，成立院士工作站，深化与武汉市科教资源、人才优势、科研机构深度融合，促进产学研用一体化发展。

　　李宏光表示，三峡集团将围绕生态环保、综合能源、科技创新、产融结合、基地建设等方面，进一步深化与武汉市特别是江岸区的合作，助力江岸打造新时代英雄城市示范引领区。

（撰稿：刘庆乐）

第十六章

发展才是硬道理

汉口历史文化中心建设方兴未艾

> 作者：王汗吾 武汉市国家历史文化名城保护委员会办公室业务顾问、湖北大学历史文化学院研究生导师

平和坊

"汉口历史文化中心建设"是江岸区实施文化工程建设的核心工作。2021年以来，江岸区推进汉口历史文化空间品质、提升文旅产业，壮大创意设计产业，提质公共文化服务四大行动，对文旅事业和文创产业发展产生了巨大吸引力，有大批设计公司、文化创意企业、机构落户汉口历史文化风貌区和设置于区内的市级文化产业园区创立方、多牛世界片区。江岸历史风貌区的中华全国总工会、中共中央长江局、中共中央组织部旧址，国民党卫戍司令部旧址，巴公房子、胜利街仓库、德明饭店、武汉商业银行建筑旧址，咸安坊、保元里、汉润里、三德里等特色里分均纳入历史建筑改造项目计划，其中多处项目已经完成或接近完成。

2021年，江岸区发布红色地图，标注了35处重要革命遗址遗迹、旧址及纪念设施，并已同步电子地图，供游客及市民按图索骥，领略江岸的红色旅游之路。江汉路步行街、江汉朝宗风景区作为武汉唯一代表，入选第一批国家级夜间文化和旅游消费集聚区；江汉路步行街还入选第二批"全国示范步行街"；黎黄陂路步行街和吉庆民俗街入选首批湖北省旅游休闲街区。

2022年，江岸区继续推进汉口历史文化中心建设，其中武汉"设计之都"核心区建设是重中之重。其主要内容有：抓好在建项目进度目标，依托文物建筑汉口中华全国总工会旧址、武汉中共中央组织部旧址等不可移动文物设置纪念馆。配合市文旅局，市旅游体育集团有限公司严格依照文物保护"四必要"原则，做好风貌区内文物保护工程。2022年计划完成老旧小区一期改造、一元路特色街巷、青岛路特色花街等7个单项建设；结合交通组织方案，分批启动胜利街等3条特色街巷道路建设；依托吉庆街、黎黄陂路、武汉天地等重点街区、人气景点、历史文化旅游线路及美食特产，聚力打造的国际风筝节、"大江金岸""四季歌""云上非遗""吉

《汉口租界志》有如下记载：汉口电灯公司（The Hankow Light and Power Co.Ltd）又称英商电厂，1906年5月由英国皮货商集资3万英镑在今合作路创办。

庆之星"等特色品牌活动，将"吃住行游购娱"一体化升级，推动江岸"旅游经济"和"夜游经济"的蓬勃发展，释放出汉口历史文化中心及江岸文化旅游事业的巨大吸引力。现在，江岸区的大批历史建筑已洗去百年尘埃，儒雅回归。老街区蝶变，老房子新生，历史街区正在焕发出新的活力！

【"留、改、拆"分类推进】

江岸区实行"留、改、拆"分类推进策略，是在城市更新中抛弃房地产开发思维的实践经验总结。留，就是对历史老建筑保护保留；改，是对城市老房子的

红色文化

升级改造；拆，是对居住环境恶劣的危房进行拆除。三者中"留"是首位，为的就是保护武汉建筑文化，传承城市文脉。建筑代表一个时代的价值，都具有存在的意义。从"大拆大建"到"留改拆并举"，江岸区经历了对城市更新项目改造利用的经验总结，"让年轻一代了解父辈们的生活，了解脚下这片土地曾经发生的故事，并续写新的记忆"是"留"的主旨，在城市更新建设的市场化运作，社会多方参与，融资多元化等要素运行中，"以'留'为主旨，给历史建筑以尊重"，已成为江岸城市更新工作中的思想与实践指导的重要标准。

【历史文化街区的活化利用】

"让历史建筑说话、让历史建筑活起来"是江岸历史街区活化保护的显著特征。位于汉口青岛路 10 号的平和打包厂，承载着一个时代建筑的记忆，现在已开发成为一个文创园区，是武汉城市更新中历史文化和特色风貌保护的典型代表。

平和打包厂新铺设的钢结构透明穹顶，充满文艺气息的书店、家具店、咖啡店以及脱口秀剧场，营造出现代时尚创意的氛围，越来越成为年轻人网红打卡地。实现了用街区来呈现武汉的历史记忆和风貌。

江岸区在加强城市历史街区的保护时，注重活化性规划，注意规划制定中的道路、绿地、休闲空间和商业之间的平衡，让市民在历史性保护街区中体会到老城味道和记忆。历史风貌街区保护体现"旧为新用"，在平和打包厂得到深刻诠释。

【百年老街"修旧如故"助推商业振兴】

2015 年，江岸区按照建设文化旅游大道标准，开启汉口中山大道江汉路至一元路段、汉口沿江大道江岸辖区段经典路段改造工程，项目施工总长度 1.78 千米，共涉及建筑 88 处，涵盖文物建筑、优秀历史建筑 33 处，一般建筑 55 处。改造后的中山大道再现了"万国建筑的博物馆"的老城风貌，呈现出"百年繁华、岁月经典"的总体风格，道路沿途各重要节点辐射周边区域，老汉口里弄风情尽显其间。汉口中山大道已成为武汉唯一的国家级历史文化街区，其改造工程荣获世界城市规划领域最高奖项——"规划卓越奖"。现在，当地集中了丰富多样的百货、休闲娱乐、商业零售等商业业态，为武汉商业品牌荟萃之地。

始建于 20 世纪初的黎黄陂路，上接胜利街，下连洞庭街，有着上百年历史。2016 年，黎黄陂路改造修复工程完工，黎黄陂路（沿江大道至胜利街）、珞珈山街（黎黄陂路至兰陵路）组合成"T"字形历史风貌步行街。在 604 米长的黎黄陂路上，有宋庆龄汉口旧居纪念馆、美国海军青年会旧址、裕兴洋行旧址、顺丰洋行旧址、巴公房子旧址、汉口首善堂旧址等多座欧式历史建筑物，聚集了博物馆、咖啡馆、个性餐饮、精品小店、文创设计等数百家店铺。2019 年，江岸区在黎黄陂路步行街举办"漫品生活，啡尝江岸"咖啡音乐节，将这里建成集创意、时尚、发布、展示、消费于一体的魅力街区。

每当夜幕降临，吉庆街就变得灯火辉煌、人声鼎沸。美食文化和民俗文化在这里交汇，是领略武汉都市风情最好的窗口。2009 年，江岸区按照现代商业和文化的要求，重新设计规划吉庆街的建筑形态和商业布局。改造后的吉庆街以红、白、黑三色为主色调，屋顶全部由瓦片铺盖而成，灰色水磨石墙面，红色砖墙，弧形屋顶，走廊配宝瓶柱造型，具有典型的老汉口建筑风格。2016 年以来通过针对性招商引资，吉庆街已成为多业态共存、互补的汉味民俗主题商业街区。在汉味美食上，吉庆街拥有老通城、四季美、蔡林记、汪玉霞等老字号，在氛围装饰上设置"武汉话"方言文化墙、再现老吉庆街市井风情的宵夜群雕、举办非遗文化及传统手工艺民俗文化集市，还在保留原有民间艺人吹拉弹唱的同时，邀请湖北大鼓、楚剧、变脸、口技等众多表演名家现场演出。

美国知名设计师走进汉口历史文化风貌区

平和打包厂改造项目获得联合国教科文组织亚太文化遗产保护荣誉奖

吉庆街的演出

六合路 1 号大院的故事

> 汤维钧

2021 年 9 月 26 日上午，中国长江三峡集团有限公司总部搬迁武汉大会在江岸区六合路 1 号大院举行。湖北省、武汉市主要领导先后致辞，国务院国资委主要领导讲话，三峡集团分别与湖北省、武汉市、宜昌市签署战略合作协议，中央委员王勇等领导为"三峡集团"揭牌。

整个活动隆重热烈而又简短朴实。我有幸作为辖区单位代表，以嘉宾身份忝列大会现场。

六合路 1 号地处武汉沿江大道，拥有一线江景，是老汉口的黄金地段，大院占地近 35 亩，建筑面积约 5.1 万平方米。2001 年上半年，武汉市江岸区机关从黎黄陂路搬迁至此，如今，这里作为区政府驻地已有整整 20 年的历史。

我是 2009 年 9 月 9 日从市直部门调到区里任职的，这一天是毛主席逝世 33 周年纪念日。当天上午，0920 会议室正在召开一个会议，临时增加了一个议题，宣布有关决定。至今我还清晰地记得，轮到我表态时，我说："参加工作以来，人一直在江岸辖区，是江岸人民哺育了我。感谢组织上提供我为江岸服务的机会，我将尽我所能报效江岸。"我还借用了当时正在热播的电视连续剧《我的团长我的团》台词，说了"'我的江岸我的家'，回家的感觉真好"等感激的话。

我在大楼西边的那个部门工作了 7 年多，房号

1129。这个部门业务繁忙，"星期六基本不休息，星期天休息不保证"，加班加点是常态，加班只能吃盒饭，盒饭吃多了，吃得大家都反胃。我跟办公室内勤干事商量，从超市买些一次性的桌布、碗筷备用。遇有加班，他就提前到附近的土菜馆点菜，提上楼来一溜儿摆在会议室的桌子上，十几个人围坐在一起美美地吃起来。偶尔，我也回家做几个拿手的"清炒燎菜""虎皮青椒""腌菜肉丝"等，给大家调剂口味。关心群众生活，应该从吃饭这类小事做起。"盒饭的标准，桌饭的吃法"，这是我的发明创造。

1934年1月，毛主席在江西瑞金第二次全国工农兵代表大会上做了两个方面结论："关心群众生活，注意工作方法"。我一直谨记着。在工作方法上我也比较注意，我要求加班的同志晚上十点前必须离开办公室，让他们赶得上最后一趟地铁。参加会议，阅读文件，我会认真地思考和消化，跟分管同志充分讨论、反复沟通，提出贯彻落实意见。这样一来，撰写文稿、起草报告、推动工作，尽量结合实际，多考虑基层的承受能力，此举受到区主管领导的肯定。

某段时间，落实某个专项任务如火如荼，月检查、季排名、年考核，层层传导压力，结果大家都感觉压力巨大。当时，有件事很挠头，《指导手册》对一个事项说得很细致，算下来至少得印10个本子。我考虑了很久，决定以简单应对复杂，只印一种记录簿，囊括了所有要求，首页标注简洁的记录说明，中间以彩页区隔之。记录簿下发后，基层普遍反响较好，上级没有提出批评意见。"少折腾""尽量不翻烧饼"，有时合并一下同类项，这也是我的发明创造。

2016年10月17日，我转岗到民主协商的"新一线"，搬到大楼东边办公，房号0701。转岗之后，烦纷的事务一下子减少了。如何保持内心的平静与安宁？次年早春，我参加了省里组织的本系统业务培训，学成归来，我就想，

本届任期一眨眼就过了，自己应该做点什么、说点什么、写点什么，才对得起组织的信任。经过大家的共同努力，这五年，我们有5篇社情民意信息被国家协商机构采用，平均每年一篇，填补了本区历届以来的空白，突破了县级机构国家级上稿率的历史记录。至于我本人，公开发表了一些大小不等的豆腐块，实现了人生阅历的"小目标"。

三峡集团总部即将落户江岸的消息，我可谓近水楼台先得月。5月14日，区里召开一个小型会议，传达湖北省承接三峡集团总部搬迁服务工作领导小组的指示精神，决定由国资经营平台负责中一路原江岸科技大厦的改造工程，要求他们发扬"火神山、雷神山精神"，保质保量完成任务。施工期间，我顶着烈日当头，到过热火朝天的现场两次，并多次与分管同志商量搬家方案和办公地点的功能布局等等。5月28日上午，在六合路一号大院办公的区直部门纷纷以机关大楼为背景合影留念，之后陆续搬家。区机关中一路新址主要集中了区四大家和区委常委部门临时过渡，我们单位5月30日完成了搬离。

坐在会场，聆听新时代湖北省委书记应勇同志讲话。他要求湖北省继续发挥自身在区位、科教、人才、产业、公共服务等方面的优势，为包括三峡集团在内的广大企业创造良好的发展环境、优关的生态环境、宜业宜居的社会环境。我想，江岸人民有高度的政治自觉，在服务央企方面带了好头，作出了表率。

看到会场这些熟悉的设施，我想起一些往事，倍感温馨而亲切。对即将退出工作岗位的我来说，再次进入庄严肃穆的六合路1号大院，机会微乎其微，但我有更多的时间沿着胜利街、五福路、六合路、沿江大道这个合围区域散步，朝着曾经度过12年时光的大院多看上几眼，这就够了！

武汉"设计之都"的核心区效应

2017 年，经联合国教科文组织评选批准，武汉成功入选全球创意城市网络"设计之都"，由此成为继深圳、上海、北京之后的中国第四个"设计之都"。江岸区位于长江北岸，历史底蕴深厚、多元文化交融、人文景观丰富，是武汉市的政治、经济、文化、金融和信息中心。从 2018 年起，江岸区与法国圣埃蒂安设计联盟、中国武汉工程设计产业联盟、上海设计之都促进中心、武汉设计之都促进中心等知名机构联合打造"武汉设计之都——长江左岸创意设计城"，建设武汉"设计之都"核心区。

进入 21 世纪以来，具有高技术含量、人才密集、低资源消耗、高增值性及强带动作用特点的工程设计、规划设计、时尚设计、工业设计等创意设计产业发展不断加快，在国民经济与社会发展中起到越来越重要的作用。经过"十三五"时期的大力发展，江岸区工程、规划设计业已形成规模，创意时尚设计得到提升，工业设计大有可为。作为承载武汉"设计之都"进军国际化舞台的重要载体，长江左岸创意设计城将形成以工程设计为核心，工业设计、家装设计、艺术设计

长江左岸创意设计城已有阿里云创新中心、人人视频内容生产基地等企业机构入驻，创意设计生态圈已经形成

（动漫游戏、数字出版）等为重要内容的多元发展创意设计产业链，促进创意设计产业蓬勃发展。武汉"设计之都"核心区"长江左岸创意设计城"片区由汉口解放大道、武汉大道、一元路、沿江大道围合而成，有11家知名工程设计机构、15家景观及家装设计机构、9个大型工程打印及三维效果制作等上下游产业机构汇聚其间，片区遗存诸多历史建筑，展示出武汉深厚的历史文化底蕴和现代城市气息。片区建设以高起点规划、高标准建设、高水平管理、高质量发展、高品质生活为目标，推动城市更新、文脉传承、产业升级三位一体融合发展，着力构建"热带雨林式"创意设计产业生态圈。

武汉作为全国中部城市中唯一的"设计之都"，通过交通枢纽向周边辐射，促进长江中游武汉大都市区发展，向世界展示长江主轴城市集群魅力。以长江左岸创意设计城为代表的江岸区创意设计产业集群，有望成为全国和全球瞩目的"水谷"。

由远洋集团与武汉2049集团承担项目施工的"武汉设计之心"正在建设之中

附表1

江岸区内不可移动文物一览表

（国家级 13 处、省级 32 处、市级 17 处，未定级 131 处）

序号	名称	时代	级别	公布时间	地点
1	八七会议会址	1927 年	国家级	1982 年	鄱阳街 139 号
2	大智门火车站候车厅	1903 年	国家级	2001 年	京汉街
3	詹天佑故居	1912—1919 年	国家级	2001 年	洞庭街 65 号
4	汉口中华全国总工会旧址	1926—1927 年	国家级	2006 年	友益街 16 号
5	汉口汇丰银行旧址（近代建筑群）	清至民国	国家级	2006 年	沿江大道 143 号
	汉口德国领事馆旧址（近代建筑群）	清至民国	国家级	2006 年	沿江大道 188 号
	横滨正金银行旧址（近代建筑群）	清至民国	国家级	2006 年	沿江大道 144 号
	汉口华俄道胜银行旧址(近代建筑群，原宋庆龄汉口旧居)	1927 年	国家级	2019 年	沿江大道 162 号
	汉口花旗银行大楼（近代建筑群）	1921 年	国家级	2019 年	青岛路 1 号（沿江大道 142 号）
	汉口新泰大楼（近代建筑群）	1874 年	国家级	2019 年	沿江大道 150 号
	汉口英商电灯公司旧址(近代建筑群)	1905 年	国家级	2019 年	合作路 22 号（鄱阳街合作路口）
	汉口景明大楼（近代建筑群）	1917 年	国家级	2019 年	鄱阳街 43 号
6	京汉铁路总工会旧址	1923 年	国家级	2013 年	解放大道 2185 号
7	八路军武汉办事处旧址	1938 年	国家级	2013 年	长春街 57 号
8	汉口新四军军部旧址	1938 年 12 月	国家级	2013 年	胜利街 332 号
9	古德寺	清	国家级	2013 年	上滑路 74 号
10	武汉中共中央机关旧址	1927 年	国家级	2013 年	胜利街 163 号
11	中共中央领导人汉口住地旧址	1927 年	国家级	2013 年	天津路 22 号（天津路胜利街路口）
12	汉口中共中央宣传部旧址	1927	国家级	2013 年	辅义里
13	苏联空军志愿队烈士墓	1938 年	国家级	2019 年	解放公园内
14	湖北共进会旧址	1902—1911 年	省级	1992 年	兰陵路楚善里 28 号
15	辛亥首义烈士公墓（两处）	1911 年	省级	1956 年	分别位于球场路 2 号和硚口区利济北路
16	二七烈士纪念碑	1958 年建	省级	1956 年	二七铁路文化宫内
17	史沫特莱旧居（鲁兹故居）	清末民初	省级	1992 年	鄱阳街 32 号
18	德明饭店	1914 年	省级	2003 年	胜利街 245 号
19	汉口麦加利银行大楼	1865 年	省级	2008 年	青岛路 9 号附近（洞庭街 41 号）
20	汉口上海路天主堂	1876 年	省级	2008 年	上海路 1 号
21	汉口美国领事馆旧址	1905 年	省级	2008 年	车站路 1 号（沿江大道 170 号）
22	汉口英商和利冰厂旧址	1911 年	省级	2008 年	岳飞街 44 号
23	汉口美国海军青年会旧址	1913 年	省级	2008 年	黎黄陂路 10 号
24	汉口赞育药房	1913 年	省级	2008 年	洞庭街 105 号
25	唐生智公馆旧址	1913 年	省级	2008 年	胜利街 163 号
26	汉口电话局旧址	1915 年	省级	2008 年	合作路 51 号
27	汉口交通银行旧址	1921 年	省级	2008 年	胜利街 2 号
28	汉口平汉铁路局旧址	1911 年	省级	2008 年	胜利街 174 号

续表

序号	名称	时代	级别	公布时间	地点
29	汉口盐业银行大楼	1926 年	省级	2008 年	中山大道 988 号
30	汉口商业银行大楼	1931 年	省级	2008 年	南京路 64 号
31	中南局招待所旧址	1953 年	省级	2008 年	惠济路 38 号
32	武汉防汛纪念碑	1969 年	省级	2008 年	汉口江滩内
33	汉口东正教堂（俄）	1892—1895 年	省级	2014 年	鄱阳街 38 号
34	亚细亚火油公司汉口分公司旧址	1924 年	省级	2014 年	天津路 1 号（沿江大道 148 号）
35	中国银行汉口分行旧址	1915 年	省级	2014 年	中山大道 593 号
36	中国实业银行大楼旧址	1935 年	省级	2014 年	江汉路 22 号
37	上海银行汉口分行旧址	1920	省级	2014 年	江汉路 60 号
38	西商赛马场俱乐部旧址	1905 年	省级	2014 年	解放公园路
39	国共汉口会议旧址（杨森公馆暨汉口会议旧址）	近代	省级	2014 年	惠济路 39 号
40	英文楚报馆旧址	1924 年	省级	2014 年	胜利街 99 号（胜利街北京路口）胜利街 77 号
41	汉口国民政府外交部旧址	1905 年	省级	2014 年	一元路 5 号
42	巴公房子	1910 年	省级	2021 年	鄱阳街、洞庭街、兰陵路三街交会围合之处
43	源泰洋行旧址（原俄国巡捕房）	1902 年	省级	2021 年	黎黄陂路 8 号
44	顺丰茶栈旧址	1901—1902 年	省级	2021 年	洞庭街 62—64 号
45	俄商新泰茶厂水塔	1876 年	省级	2021 年	兰陵路 7—5 号
46	林祥谦烈士就义处和林祥谦塑像	1923 年就义、1983 年塑像	市级	1983 年	沿江商务区内
47	汉口《民国日报》社旧址	1927 年	市级	1983 年	泰宁街 2 号
48	刘少奇在武汉的旧居	1926—1927 年	市级	1983 年	尚德里 1—2 号
49	中共中央长江局机关旧址	1927 年	市级	1983 年	珞珈山街 12 号
50	向警予故居	1927 -1928 年	市级	1988 年	三德里 27 号
51	汉口日清洋行大楼	1913 年	市级	1998 年	沿江大道 131 号
52	汉口美最时洋行大楼	1896 年	市级	1998 年	一元路 2 号
53	汉口西门子洋行旧址	1920 年	市级	1998 年	中山大道 1044 号
54	平和打包厂旧址	1905 年	市级	2011 年	青岛路 10—12 号（青岛路鄱阳街路口）
55	东方汇理银行汉口支行旧址	1901 年	市级	2011 年	沿江大道 171 号
56	原：立兴洋行汉口分行旧址现：（立兴洋行所建的自用办公室和仓库）	1901 年	市级	2011 年	沿江大道 183 号
57	保安洋行旧址	1914 年	市级	2011 年	青岛路 8 号（青岛路洞庭街路口）
58	珞珈山街住宅区	1912—1927 年	市级	2011 年	珞珈山街 1—46 号
59	汉口碉堡群	民国	市级	2011 年	头道街、张公堤等地（金惠公馆旁）

续表

序号	名称	时代	级别	公布时间	地点
60	汉口华商总会旧址	1922 年市级		2011 年	江汉二路 157 号
61	武汉剧院	1959 年	市级	2011 年	解放大道 1102 号
62	武汉卫戍司令部军法处旧址 1923	—	市级	2011 年	铭新街 8 号
63	二德里 中华民国	—	—	—	汇通路德润社区
64	福新里 中华民国	—	—	—	江汉路与铭新街交会处
65	福忠里	1919 年	—	—	南京路和汇通路中间，以及吉庆街和江汉二路中间
66	国货银行旧址	1931 年	—	—	中山大道 633 号
67	南京路 113 号办公楼旧址	1937 年	—	—	南京路 113 号
68	万尧芳公馆	1921 年	—	—	铭新街 19 号
69	吴佩孚公馆	1925 年	—	—	南京路 124 号
70	华商赛马公会旧址	民国			汇通路 18 号
71	江汉二路侵华日本水牢旧址	1938 年	—	—	江汉二路 150 号
72	金城里	1932 年	—	—	中山大道保华街 2 号
73	金城银行旧址	1930 年	—	—	保华街 2 号
74	金业里	民国	—	—	中山大道中段西侧，南京路与吉庆街交会处西侧
75	聚兴城银行大楼	1936 年	—	—	江汉路 116 号
76	退思里	民国	—	—	汇通路德润社区
77	中共中央组织部旧址	1928 年	—	—	铭新街 13 号
78	汉口基督教荣光堂旧址	1931 年	—	—	湖北省武汉市江岸区黄石路 26 号
79	楚光日报社旧址	1926 年	—	—	铭新街 3 号
80	武汉卫戍司令部旧址	1920 年	—	—	铭新街 18 号
81	大陆银行旧址	1934 年	—	—	中山大道 912 号
82	大陆坊	1934 年	—	—	中山大道与南京路交会处
83	德国巡捕房旧址	1895 年	—	—	胜利街 271 号
84	俄租界工部局遗址	清	—	—	黎黄陂路与胜利街交会处
85	俄租界天主教主教公寓	民国	—	—	黎黄陂路 40 号
86	大孚银行旧址	1935 年	—	—	中山大道 928 号
87	俄商住宅旧址	1905 年	—	—	兰陵路 58—2 号
88	车站路 8 号近代建筑	1930 年	—	—	车站路 8 号
89	车站路 5 号近代建筑	民国	—	—	车站路 17 号附 1
90	卜内门洋行旧址	1921 年	—	—	胜利街 71 号
91	宝顺洋行汉口分行旧址	1906 年	—	—	天津路 5 号
92	洞庭街 141 号	近代建筑	—	—	洞庭街 141 号
93	洞庭村	1931 年	—	—	洞庭街与鄱阳街中间，南京路东北侧
94	高氏医院旧址	1936 年	—	—	黎黄陂路 38 号

续表

序号	名称	时代	级别	公布时间	地点
95	广东银行汉口分行旧址	1923 年	—	—	扬子街 7 号
96	惠罗公司旧址	1915 年	—	—	黎黄陂路 7 号
97	利华打包厂旧址	民国	—	—	鄱阳街 11 号
98	李凡诺夫夫人旧居	1902 年	—	—	沿江大道 163 号
99	鄱阳街 9、11 号建筑	民国	—	—	鄱阳街 9 号、11 号
100	庆祥里	民国	—	—	二曜路
101	日伪放送局旧址	1938 年	—	—	胜利街 171 号
102	日信洋行旧址	1917 年	—	—	江汉路 2 号
103	三北轮船公司旧址	1922 年	—	—	沿江大道 167 号
104	上海村	1923 年	—	—	鄱阳街与江汉路步行街相交处北侧
105	圣母无原罪堂旧址	1911 年	—	—	车站路 25 号
106	胜利街 237—243 号民居	民国	—	—	胜利街 237—243 号
107	胜利街 257 号	近代建筑	—	—	胜利街 257 号
108	胜利街 257 号	近代建筑（附属建筑）	—	—	胜利街 249、251、254 号
109	首善堂旧址	1913 年	—	—	黎黄陂路 27 号
110	四川美丰银行汉口分行旧址	1934 年	—	—	胜利街 3 号
111	四明银行旧址	1933 年	—	—	鄱阳街 7 号
112	太古洋行汉口分行旧址	1927 年	—	—	沿江大道 140 号
113	泰兴里	1911 年	—	—	胜利街与洞庭街之间
114	天津路	近代建筑	—	—	天津路与胜利街会合处
115	汉口荣宝斋	1934 年	—	—	中山大道 958 号
116	汉口万字会旧址 民国	—	—	—	天津路 57—55 号
117	汉润里	1917 年	—	—	中山大道中段东南侧，南京路下首
118	皇宫舞厅及弹子房旧址	民国	—	—	洞庭街 91—97 号
119	黄陂二里	1937 年	—	—	黎黄陂路黄陂二里
120	汇理银行汉口分行住宅楼	1903 年	—	—	沿江大道 173、174、175、177、178、179 号
121	江汉村	1936 年	—	—	洞庭街与鄱阳街中间
122	解放电影院旧址	1918 年	—	—	蔡锷路 28 号
123	坤厚里	1912 年	—	—	一元路西段与一元小路之间
124	天主教医院旧址	1907 年	—	—	黎黄陂路 42—48 号
125	同兴里	1932 年	—	—	洞庭街与胜利街之间
126	五花宾馆旧址	1913 年	—	—	黎黄陂路 27 号
127	武汉市医药卫生学会旧址	1933 年	—	—	胜利街 155 号
128	同仁医院旧址	1902 年	—	—	洞庭街 149 号
129	咸安坊	1915 年	—	—	胜利街 59 号

序号	名称	时代	级别	公布时间	地点
130	延庆里	1933 年	—	—	胜利街 277—289 号
131	沿江大道 144 号	近代建筑	—	—	沿江大道 144 号
132	沿江大道 153 号	近代建筑		—	沿江大道 153 号
133	叶蓬公馆	1910 年	—	—	青岛路 15 号
134	一元路 4 号住宅	民国	—	—	一元路 4 号
135	一元路 6 号	近代建筑	—	—	一元路 6 号，在中山大道和胜利街之间
136	一元小路特一号民居	民国	—	—	一元小路特一号
137	怡和布店旧址	民国	—	—	江汉路 64 号
138	英国礼拜堂	1880 年	—	—	天津路 28 号
139	英国水兵宿舍旧址	民国	—	—	胜利街 261 号
140	英商颐中烟草公司旧址	20 世纪 30 年代	—	—	合作路和鄱阳街交叉处
141	永利银行旧址	1946 年	—	—	江汉路 20 号
142	岳飞街 1 号近代建筑	民国	—	—	岳飞街 1 号
143	浙江实业银行汉口分行旧址	1926 年	—	—	中山大道 910 号
144	中孚里	1917 年	—	—	南京路与中山大道交会处
145	中孚银行汉口分行旧址	1920 年 —	—	—	南京路 45 号
146	中南银行旧址	1923 年	—	—	江汉路与胜利街交会处（江汉路 62 号）
147	中央信托局汉口分局旧址	1936 年	—	—	中山大道 910 号
148	基督教信义公所大楼	1924 年	—	—	洞庭街 77 号
149	李凡诺夫公馆	1902 年	—	—	洞庭街 88 号
150	中国农民银行旧址	20 世纪 30 年代	—	—	胜利街 35、37、39 号
151	涂坤山公馆	1919 年	—	—	车站路 10 号
152	立兴洋行汉口分行旧址	1901 年	—	—	洞庭街 116 号及 118 号
153	黎黄陂路 47 号建筑	民国	—	—	黎黄陂路 47 号
154	英国领事官邸旧址	1861 年	—	—	天津路 10 号
155	周苍柏公馆	1920 年	—	—	黎黄陂路黄陂村 4 号 5 号 6 号
156	法国领事馆旧址	1932 年	—	—	一洞庭街 81 号
157	俄国领事馆旧址	1923 年	—	—	洞庭街 90 号
158	大舞台旧址	1932 年	—	—	会友益街 105 号
159	车站路 100 号	近代建筑	—	—	车站路 100 号
160	万鹤龄药店旧址	20 世纪 30 年代	—	—	中山大道 889 号
161	华商饭店旧址	1929 年	—	—	友益街新成里
162	铁路饭店旧址	1917 年	—	—	车站路 68 号
163	萧耀南公馆	1925 年	—	—	中山大道 911 号
164	新华里	民国	—	—	黄兴路新华里

续表

序号	名称	时代	级别	公布时间	地点
165	中山大道 909 号	近代建筑	—	1935 年	中山大道 909 号，萧耀南公馆旁边
166	雨农图书馆旧址	1921 年	—	—	中山大道与黄兴路交会处
167	安利英洋行旧址（原胜利饭店）	1929 年	—	—	胜利街与四唯街交会处
168	胜利街 325 号近代建筑	民国	—	—	胜利街 325 号
169	胜利街 333 号近代建筑	民国	—	—	胜利街 333 号
170	四唯路 2 号近代建筑	1937—1938 年	—	—	四唯路 2 号
171	五福路 86 号民居	民国	—	—	五福路 86 号
172	胜利街侵华日军军官宿舍旧址	1938—1945 年	—	—	胜利街 256—272 号
173	胜利街 307 号近代建筑	民国	—	—	胜利街 307 号
174	卢沟桥路 11 号民居	清	—	—	卢沟桥路与胜利街交会处
175	卢沟桥路侵华日军水牢旧址	民国	—	—	卢沟桥路 33—39 号
176	日本领事馆旧址	1929 年	—	—	沿江大道 234 号
177	胜利街 305（347）号近代建筑	民国	—	—	胜利街 347 号
178	胜利街 337—19 号近代建筑	民国	—	—	胜利街 337—19 号
179	胜利街 339 号近代建筑	民国	—	—	胜利街 339 号
180	武汉天地一号近代建筑	民国	—	—	卢沟桥路武汉天地商务群
181	武汉天地二号近代建筑	民国	—	—	卢沟桥路武汉天地商务群
182	武汉天地三号近代建筑	民国	—	—	卢沟桥路武汉天地商务群
183	武汉天地四号近代建筑	民国	—	—	卢沟桥路武汉天地商务群
184	武汉天地五号近代建筑	民国	—	—	卢沟桥路武汉天地商务群
185	武汉天地六号近代建筑	民国	—	—	卢沟桥路武汉天地商务群
186	武汉天地七号近代建筑	民国	—	—	卢沟桥路武汉天地商务群
187	武汉天地八号近代建筑	民国	—	—	卢沟桥路武汉天地商务群
188	武汉天地九号近代建筑	民国	—	—	卢沟桥路武汉天地商务群
189	长春街 75 号近代建筑	民国	—	—	长春街 75 号
190	西商赛马俱乐部大看台	1905 年	—	—	解放公园路
191	江岸车站会议室	1976 年	—	—	沿江商务区内
192	武汉肉类联合加工厂旧址	1952 年	—	—	江岸路 12 号
193	汉口会议旧址	1928 年	—	—	惠济路 41—8 号

（数据截止时间：2023 年 5 月 31 日）

附表 2　　　　**江岸区内武汉市优秀历史建筑一览表**

序号	建筑原名称	建筑现名称	建筑地址	保护等级	公布批次
1	李凡洛夫公馆	市警察协会等	江岸区洞庭街86—90号	一级	1
2	俄国领事馆	洞庭壹号	江岸区洞庭街90号	一级	1
3	立兴洋行汉口分行	居住	江岸区洞庭街116—118号	一级	1
4	咸安坊	房屋空置	江岸区胜利街南京路下首	一级	1
5	金城银行	武汉美术馆	江岸区中山大道与南京路交会处	一级	1
6	三菱洋行职员宿舍及松廼家酒店旧址（文保：胜利街侵华日军军官宿舍旧址）	部队家属住宅	江岸区胜利街256—272号	一级	1
7	怡和村	市委机关住宅	江岸区解放公园53号	一级	1
8	吴家花园（文保：吴佩孚公馆）	民宿	江岸区南京路124号	一级	3
9	南京路72—80号	居住	江岸区南京路72—80号	一级	5
10	宝顺洋行	居住	江岸区天津路5号	一级	5
11	中孚银行（中孚银行汉口分行旧址）	丰源商务宾馆	江岸区南京路47号	一级	5
12	怡和洋行住宅（文保：日伪放送局旧址）	中共中央机关旧址纪念馆辅助用房	江岸区胜利街171—173号	一级	5
13	南京路122号	美庐时尚餐厅	江岸区南京路122号	一级	5
14	中山大道891—903号	居住	江岸区中山大道891—903号	一级	5
15	胜利街333号	江岸区好儿童托教部	江岸区胜利街333号	一级	5
16	胜利街325号	胜利街325号	江岸区胜利街325号	一级	5
17	日本居留民团办事处	胜利街335号	江岸区胜利街335号	一级	5
18	日本汉口测候所（文保：胜利街339号近代建筑）	涂长望陈列馆	江岸区胜利街339号	一级	5
19	德华学堂	市六中办公用房	江岸区球场街64号	一级	5
20	市政府礼堂	市政府礼堂	江岸区沿江大道187号	一级	6
21	中南银行	安踏、阿迪达斯运动专卖店、居住	江岸区江汉路62、64号	一级	7
22	八大家	闻一多基金会	滨江里1—22号	一级	7
23	叶蓬公馆	武汉城投房产集团有限公司办公楼	江岸区青岛路15号	一级	7
24	涂堃山、傅绍庭公馆	武汉市商务局办公楼	江岸区黎黄陂路27—29号	一级	7
25	美国美孚石油公司	武汉宏福源物流公司办公楼	江岸区江岸路5号	一级	7
26	汉口民生轮船公司旧址	肥肥虾庄	鄱阳街7号	一级	8
27	德明饭店小洋楼	江汉饭店用房	蔡锷路与胜利街交会处	一级	8
28	中山大道909号	省海外旅游公司	中山大道909号	一级	8
29	洞庭街68—70号	居住	洞庭街68—70号	一级	9
30	汉口真光照相馆	胜利街247号	胜利街247号	一级	9

续表

序号	建筑原名称	建筑现名称	建筑地址	保护等级	公布批次
31	法租界消防队	居住	岳飞街19号	一级	9
32	平汉铁路局宿舍	居住	车站路35号	一级	9
33	黎黄陂路44—48号(天主教医院旧址)	居住	黎黄陂路44—48号	一级	9
34	英美烟草公司办公楼(文保：英商颐中烟草公司旧址)	市旅游协会办公楼	合作路与鄱阳街交会处	一级	9
35	日本海军陆战队军营	幼儿园	张自忠路2号	一级	9
36	协同神学院	市直属机关育才幼儿园1—5号楼	黄孝河路育才幼儿园内	一级	10
37	永泰和烟草公司	商业	南京路49号	一级	11
38	五福路86号	居住	五福路86号	一级	11
39	美国生利洋行	居住	胜利街178号	一级	12
40	洞庭街85号老宅	居住	洞庭街85号	一级	12
41	日军"笔部队"驻地	居住	吉庆街39号	一级	12
42	车站路21号	居住	车站路21号	一级	12
43	丹麦金龙洋行(文保：洞庭街141号近代建筑)	江岸区市场监督管理局办公楼	洞庭街141号	一级	13
44	四川美丰银行汉口分行	居住	胜利街3号	一级	13
45	铁路饭店	新华书店	车站路68号	一级	13
46	丹麦宝隆洋行（文保：胜利街307号近代建筑）	市城管执法委办公用房	胜利街305号	一级	13
47	汉口新华广播电台（文保：黎黄陂路47号）	市卫生健康信息中心	黎黄陂路47号	一级	14
48	法国太平洋海运公司（公兴洋行）	胜利街237号	胜利街237号	一级	14
49	胜利街239号	胜利街239号	胜利街239号	一级	14
50	日清轮船公司仓库	沿江大道152、155、156号	沿江大道152、155、156号	一级	14
51	兰陵路58号	居住	兰陵路58号	一级	14
52	大福里	房屋空置	铭新街中组部旧址旁	一级	14
53	中国国货银行汉口分行	房屋空置	中山大道635号	一级	14
54	芦沟桥路9—19号（文保：芦沟桥路11号）	居住	芦沟桥路9—19号	一级	14
55	民生轮船公司职员宿舍（文保：胜利街305（347）号近代建筑）	居住	胜利街347号	一级	14
56	永利银行	风貌安邸酒店	江岸区江汉路20号	二级	1
57	洞庭村	洞庭村	江岸区洞庭街	二级	1
58	同兴里	同兴里	江岸区洞庭街83号	二级	1

序号	建筑原名称	建筑现名称	建筑地址	保护等级	公布批次
59	首善堂	市商务局办公楼	江岸区黎黄陂路 31 号	二级	1
60	大陆坊	大陆坊	江岸区中山大道南京路口	二级	1
61	江汉村、六也村	江汉村	江岸区洞庭街口	二级	1
62	上海村	上海村	江岸区江汉路上海银行侧	二级	1
63	德国工部局巡捕房（文保：德国巡捕房旧址）	市警察博物馆	江岸区胜利街 271 号	二级	1
64	法国领事馆	房屋空置	江岸区洞庭街 81 号	二级	1
65	周苍柏公馆	房屋空置	江岸区黄陂村 5、6、7 号	二级	1
66	大孚银行	武汉图书馆期刊外借处	江岸区南京路 104 号	二级	1
67	中央信托局汉口分局	省交通厅质监局办公楼、翡冷翠婚纱影楼	中山大道 908 号	二级	1
68	汉口信义公所（文保：基督教信义公所大楼）	市基督教协会办公楼	江岸区洞庭街 77 号	二级	1
69	浙江实业银行汉口分行	房屋空置	江岸区中山大道 910 号	二级	1
70	日信洋行	江汉路 4 号	江岸区江汉路 4 号	二级	1
71	广东银行汉口分行	居住	江岸区扬子街 7 号	二级	1
72	金城里	武汉美术馆	江岸区中山大道与南京路交会处	二级	1
73	武汉卫戍司令部	江岸区大智街办事处	江岸区铭新街 18 号	二级	1
74	聚兴诚银行	工业大楼	江岸区江汉路 116 号	二级	1
75	格非堂（文保：汉口基督教荣光堂旧址）	基督教荣光堂	江岸区黄石路 26 号	二级	1
76	华商赛马公会	市政府参事室	江岸区汇通路 18 号	二级	1
77	萧耀南公馆	F64 婚纱影楼	江岸区中山大道 911 号	二级	1
78	涂堃山公馆	车站路 10 号	江岸区车站路 10 号	二级	1
79	安利英洋行汉口分行	市人大办公楼	江岸区沿江大道 222 号	二级	1
80	日本驻汉口总领事馆遗址	汇申大酒店	江岸区山海关路	二级	1
81	车站路 8 号	车站路 8 号	车站路 8 号	二级	3
82	韶山二里（文保：黄陂二里）	黄陂二里	黄陂二里 3—9 号	二级	3
83	一元路 6 号	一元路 6 号	一元路 6 号	二级	3
84	英商太古洋行汉口分行	长江航道局	沿江大道 140 号	二级	3
85	胜利街 257 号	房屋空置	胜利街 257 号	二级	3
86	胜利街 155 号（武汉市医药卫生学会旧址）	中华医学会	胜利街 155 号	二级	3
87	汉润里	汉润里	汉润里	二级	3
88	铭新街 19 号（文保：万尧芳公馆）	中国钢铁炉料中南公司	铭新街 21 号	二级	3
89	南京路 113 号	南京路 113 号	南京路 113 号	二级	3
90	沿江大道 153 号	沿江大道 153 号	沿江大道 153 号	二级	4
91	圣教书局	华发青岛路片项目展示中心	鄱阳街 49 号	二级	4
92	高氏医院	居住	黎黄陂路 38 号	二级	4

序号	建筑原名称	建筑现名称	建筑地址	保护等级	公布批次
93	沿江大道163号（文保：李凡诺夫夫人旧居）	沿江大道163号	沿江大道163号	二级	4
94	沿江大道173—179号（文保：汇理银行汉口分行住宅楼）	居住	沿江大道173—179号	二级	4
95	岳飞街1号	岳飞街1号	岳飞街1号	二级	4
96	车站路25号（文保：圣母无原罪堂旧址）	教堂	车站路25号	二级	4
97	沿江大道144号	沿江大道144号	沿江大道144号	二级	4
98	三北轮船公司	沿江大道167号	沿江大道167号	二级	4
99	中山大道889号（万鹤龄药店旧址）	中山大道889号	中山大道889号	二级	4
100	江汉二路148号（江汉二路侵华日本水牢旧址）	居住	江岸区江汉二路150号	二级	5
101	黎黄陂路40号（俄租界天主教主教公寓）	长安老年康乐园	江岸区黎黄陂路40号	二级	6
102	蔡锷路3、5、7号	慎成宴	江岸区蔡锷路3、5、7号	二级	6
103	胜利街259—2、3、4、5、号	居住	江岸区胜利街259号	二级	6
104	关麟书旧宅	市教育局勤工俭学处办公用房	江岸区蔡锷路1号	二级	6
105	一元路4号	一元路4号	江岸区一元路4号	二级	6
106	胜利街261号（英国水兵宿舍旧址）	市金融工作局办公楼	江岸区胜利街261号	二级	6
107	裕民部洋行	居住	江岸区黎黄陂路18—34号	二级	6
108	洞庭街91—97号（文保：皇宫舞厅及弹子房旧址）	居住	江岸区洞庭街91—97号	二级	6
109	鼎新里	鼎新里	江岸区鼎新里	二级	6
110	原安息日会警世堂	江岸区城管局直属一队	江岸区中山大道769号	二级	6
111	英国领事馆官邸	滨江里	江岸区天津路10号	一级	7
112	周星堂公馆（文保：俄商住宅旧址）	江岸区疾控中心	兰陵路58—2号	二级	7
113	普海春大酒店	扬子江酒店	江岸区江汉路104—106号	二级	7
114	保华街1—31号	保元里临街房屋	保华街1—31号、汇通路1号	二级	8
115	俄国总会	居住	兰陵路17—19号	二级	9
116	高氏老宅	居住	兰陵路21号	二级	9
117	岳飞街28—34号	居住	岳飞街28—34号	二级	9
118	黄陂村8号	居住	黄陂村8号	二级	9
119	鄱阳街9号	居住	鄱阳街9号	二级	9
120	老沙逊洋行仓库	仓库	洞庭街32号	二级	9
121	保元里	保元里	保华街与汇通路交会处	二级	9
122	福忠里	福忠里	南京路与汇通路之间	二级	9
123	金业里	金业里	吉庆街与南京路之间	二级	9
124	泰安里	泰安里	南京路与汇通路之间	二级	9
125	鄱阳街5号	居住	鄱阳街5号	二级	9

序号	建筑原名称	建筑现名称	建筑地址	保护等级	公布批次
126	三德里	三德里	中山大道中段北侧，海寿街西侧	二级	9
127	中山大道 907 号	居住	中山大道 907 号	二级	9
128	日本三井洋行职员住宅（文保：四唯路 2 号近代建筑）	空置	胜利街 303 号	二级	9
129	夏斗寅汉口公馆	武汉天地 LOOKNOW	中山大道 1622 号（北部）	二级	9
130	李石樵公馆	武汉天地 LOOKNOW	中山大道 1622 号（西北部）	二级	9
131	日本教师住宅	武汉天地 KONWIN	中山大道 1622 号（南部）	二级	9
132	日本东京建物株式会社旧址（文保：长春街 75 号）	居住	长春街 73—75 号	二级	9
133	惠罗公司（文保：惠罗公司旧址）	黎黄陂路 7 号	黎黄陂路 7 号	二级	10
134	中孚里 2—5 号	中孚里 2—5 号	中孚里 2—5 号	二级	10
135	鼎馀里 1—9 号	鼎馀里 1—9 号	鼎馀里 1—9 号	二级	10
136	望德堂	环球艺术家美术馆	黄兴路 1 号	二级	10
137	日本汉口明治寻常高等小学校校长公馆	武汉天地 A4 商业区 7 号楼洋房汤馆	芦沟桥路 66 号	二级	10
138	黎黄陂路 36 号	居住	黎黄陂路 36 号	二级	11
139	江汉关职员宿舍（文保：英国礼拜堂）	市群艺馆用房	鄱阳街 40 号	二级	11
140	大陆银行	南京路 51 号	南京路 51 号	二级	11
141	泰兴里	泰兴里	泰兴里 1—13 号、2—16 号	二级	11
142	比利时驻汉口总领事馆	居住	蔡锷路 21 号	二级	12
143	邮局职员宿舍	居住	海寿街 2—4 号	二级	12
144	黄兴路 37—53 号	居住	黄兴路 37—53 号	二级	12
145	华新里	华新里	中山大道与黄兴路交会处两侧	二级	12
146	辅仁里	辅仁里	辅仁里 1—10 号	二级	12
147	胜利街 331 号	居住	胜利街 331 号	二级	12
148	民生轮船公司海员公寓	居住	张自忠路 1 号	二级	12
149	德国美最时洋行电厂办公楼	居住	沿江大道 194—196 号	二级	13
150	汉口银行公会	睿柏·云酒店	汇通路 3 号	二级	13
151	汉口特区警察署	居住	胜利街 112—114 号	二级	13
152	原中南军区办公楼	联勤保障部队机关东、西办公楼	永清路 20 号	二级	13
153	车站路 39 号	居住	车站路 39 号	二级	14
154	胜利街 209—213 号	居住	胜利街 209—213 号	二级	14
155	江汉关外班职员宿舍	居住	胜利街一元路路口	二级	14
156	美信洋行	解放烧烤王，居民住宅	胜利街 184 号	二级	14
157	洞庭街 126 号	居民住宅	洞庭街 126 号	二级	14
158	黎黄陂路 39—43 号	居住	黎黄陂路 39—43 号	二级	14
159	武汉市职工医学院行政办公楼	市第六医院（江汉大学附属医院）院史馆	香港路 168 号	二级	14

（数据截止时间：2023 年 5 月 31 日）

附表3

三峡集团在岸注册企业情况一览表

序号	企业名称	主营业务	注册地址	注册（迁入）江岸时间	注册资本	备注
1	中国长江三峡集团有限公司	项目投资、股权投资	江岸区六合路1号	2021.12.1	2115亿元	
2	长江生态环保集团有限公司	生态保护、环境治理	江岸区三阳路88号三阳中心	2018.12.1	300亿元	
3	三峡基地发展有限公司	企业管理咨询、房地产开发	江岸区六合路1号	2020.8.1	35.75亿元	
4	长江三峡绿洲有限公司	环保、新能源设备研究、生产、销售	江岸区五福路78号	2019.5.1	1亿元	上级母公司为长江生态环保集团有限公司
5	陕煤华中煤炭销售有限公司	煤炭及制品销售	江岸区五福路78号	2021.1.1	2亿元	三峡集团四级子公司，上级母公司为湖北省煤炭投资开发有限公司（湖北能源集团子公司）
6	湖北三峡生态环境有限公司	自来水生产供应、城市建筑垃圾处置	江岸区六合路1号	2021.6.1	1亿元	上级母公司为长江三峡水电工程有限公司（注册地宜昌），长江三峡水电工程有限公司的上级母公司为三峡基地发展有限公司
7	三峡云环境科技（湖北）有限公司	危险废物经营	江岸区三阳路88号三阳中心	2021.9.1	5000万元	上级母公司为长江清源节能环保有限公司（注册地上海），长江清源节能环保有限公司的上级母公司为长江生态环保集团有限公司
8	长峡快道充电科技（湖北）有限公司	充电设施建设与运营	江岸区六合路1号	2021.12.1	7亿元	原名为"三峡道达尔能源充电服务（湖北）有限公司"，12月10日工商登记注册，中外合资企业，上级母公司为三峡资本（三峡集团二级子公司，注册地北京）
9	三峡智慧水务科技有限公司武汉研发中心	智能水务系统开发、软件开发、信息系统集成服务	江岸区六合路1号	2022.2.1	分公司	2月9日完成工商登记注册，该公司系三峡智慧水务科技有限公司（注册地上海，注册资本7000万元，上级母公司为长江生态环保集团）分公司
10	长江三峡实业有限公司武汉分公司	房地产开发、物业管理	江岸区五福路78号	2022.4.1	分公司	长江三峡实业有限公司（上级母公司为三峡基地发展有限公司）将武汉项目部变更为分公司

续表

序号	企业名称	主营业务	注册地址	注册（迁入）江岸时间	注册资本	备注
11	湖北三峡生态环境有限公司武汉分公司	自来水生产供应、城市建筑垃圾处置	江岸区六合路1号	2022.6.1	分公司	湖北三峡生态环境有限公司分公司
12	三峡高科信息技术有限责任公司	数字产业化、工程项目管理咨询、技术服务	江岸区六合路1号	2023.4.1	9376.43万元	三峡集团数字产业化的实施主体和产业数字化的专业市场化三级子公司；三峡科技有限责任公司子公司，从北京迁入我区
13	三峡数字科技有限公司	计算机系统服务、技术服务、技术开发	江岸区六合路1号	2023.8	5000万元	江岸区、三峡科技、三峡高科、长江水利水电共同出资成立的合资公司

（数据截止时间：2023 年 8 月 31 日）

江岸区 2021 年以来招引头部企业情况表

附表 4

序号	企业名称	企业性质	企业基本情况	进展情况
1	中国长江三峡集团有限公司	央企总部	三峡集团是全球最大的水电开发运营企业和中国最大的清洁能源集团，是国务院国资委确定的首批创建世界一流示范企业之一，资产规模超 1.1 万亿元。	已落户三峡集团总部大楼
2	中能建绿色建材有限公司	世界 500 强企业分支机构	中国能源建设集团（股份）有限公司全资子公司，注册资本 60 亿元。中国能源建设集团（股份）有限公司是国务院国资委监管的大型央企，在世界 500 强中排名第 353 位。	已落户香格里拉中心写字楼
3	新希望集团华中总部	世界 500 强企业分支机构	新希望集团武汉锦悦嘉商贸有限公司成立于 2021 年 2 月 25 日，注册地为新村街道二七路与建设大道交会处（建设大道 1131 号）利腾国际第 1 栋 2 层 10-6 室，法定代表人为张颖聪。	已落户利腾国际写字楼
4	太平洋财险湖北分公司	世界 500 强企业分支机构	太平洋财险湖北分公司是太平洋产险设在湖北地区专门经营各类财产保险的一级分公司。目前湖北分公司在湖北共有 77 家机构，曾获得"湖北市场行业双十佳企业"、武汉市场驰名企业等荣誉称号。	已落户江岸浙商大厦
5	信达证券湖北分公司	区域总部	信达证券注册地为北京市，注册资本为 15.11 亿元人民币，拥有 100 余家分支机构。	已落户中信泰富大厦
6	集友银行武汉分行	外资银行区域总部	集友银行目前在中国设有多家分行。	已落户江岸浙商大厦
7	湖北三峡生态环境有限公司	央企子公司	三峡集团分支机构，经营自来水生产与供应、城市建筑垃圾处置（清运）、城市生活垃圾处置等。	已落户三峡集团总部大楼
8	三峡云环境科技（湖北）有限公司	央企子公司	三峡集团分支机构，主营危险废物，2021 年 9 月 23 日注册成立。	已落户三峡集团总部大楼
9	武汉人才集团有限公司	人力资源行业头部企业	武汉市一级国有企业，华中地区最大的人力资源服务机构。	已落户金源世界中心
10	湖北中坤供应链管理有限公司	中国 500 强企业分支机构	人民控股集团子公司，2021 年 6 月 29 日成立，主要从事货物进出口、技术进出口和预包装食品销售。	已落户中环大厦
11	湖北山水风酒业有限公司	中国 500 强企业分支机构	稻花香集团二级子公司。	已落户五福路 78 号
12	陕煤华中煤炭销售有限公司	国企	湖北省煤炭投资开发有限公司全资子公司，主营煤炭销售。	已落户五福路 78 号
13	国电投长江生态能源有限公司	世界 500 强分支机构	世界 500 强国家电力投资集团有限公司旗下企业，主营新能源发电、输电、供电业务。	已落户谌家矶大道 88 号
14	武汉仙辉医药有限公司	世界 500 强	平安集团旗下企业 2021 年 7 月入驻黄浦科技园创立方产业园，增资到 5000 万元，主营医疗器械销售等。	已落户创立方产业园

续表

序号	企业名称	企业性质	企业基本情况	进展情况
15	武汉市规划设计有限公司	国企	主营国土空间规划编制、建设工程设计等。	已落户包豪斯大厦
16	智慧体育产业发展（武汉）有限公司	国企	由武汉体投、中奥体育、湖北通服三方合作组建，主营广播电视节目制作。	已落户后湖大道95号
17	长江三峡投资（湖北）有限公司	央企子公司	三峡集团分支机构，主营投资管理与资产管理，注册资本20亿元。	已落户三峡集团总部大楼
18	三峡道达尔能源充电服务（湖北）有限公司	央企子公司	三峡集团分支机构，主营充电设施建设与运营，注册资本7亿元。	已落户三峡集团总部大楼
19	中核国宏智慧城市有限公司	央企子公司	中核工业集团旗下企业，注册资本1亿元，主营智慧停车场建设。	已落户香格里拉中心写字楼
20	湖北中南地铁传媒有限公司	国企	主营广告制作、发布服务等。	已落户三阳路地铁大厦
21	湖北商贸物流集团有限公司	国企	由湖北联投集团组建，主营成品油批发。	已落户三阳路地铁大厦

（数据截止时间：2023年5月31日）

附表 5

江岸区纳税过亿元楼宇一览表

（数据截止时间：2023 年 9 月 20 日）

序号	楼宇名称	楼宇地址
※1	三峡总部大楼	江岸区六合路 1 号
※2	A5 武汉天地平安金融中心	江岸区中山大道大道 1628 号
※3	天悦外滩金融中心	江岸区沿江大道与三阳路交会处
4	A3 中信泰富大厦	江岸区中山大道 1627 号
5	武汉供电公司电力生产调度楼	江岸区解放大道 1053 号
6	光大银行大楼原汉口汇丰银行大楼	江岸区沿江大道 143 号
7	浙商大厦	江岸区建设大道 738 号
8	民生银行大厦	江岸区新华路 396 号
9	武银大厦	江岸区建设大道 618 号
10	百步亭总部大楼	江岸区解放大道 2609 号
11	物产大厦	江岸区建设大道 686 号
12	利腾国际	江岸区二七路与建设大道交会处
13	中原大厦	江岸区解放大道 1328 号
14	中南设计研究院	江岸区解放公园路 41 号
15	铂仕汇国际广场	江岸区京汉大道 1268 号
16	金冠大厦	江岸区开明路 5 号
17	中信建筑设计研究总院	江岸区四唯路 8 号
18	新长江国际 A 栋	江岸区解放大道 1208 号
19	江花综合大楼 A 座	江岸区三阳路 55 号
20	长江水利委员会水文楼	江岸区解放大道 1863 号
21	融创融汇广场	江岸区三阳路与解放大道交会处
22	新源大厦	江岸区胜利街 128 号
23	龙韵大厦	江岸区工农兵路 65 号
24	三阳中心匠心城	江岸区三阳路 88 号
25	武汉企业天地 1 号	江岸区中山大道 1505 号

（数据截止时间 2023 年 9 月 30 日）

注：标 ※ 的为 10 亿元楼宇

附表6

江岸区现存里分汇总表

序号	所属街道	所属社区	里分名称	地点	建成年份修建时间	腾退、改造、修缮等情况	建筑现状
1	大智街道	先锋	保元里	位于南京路西段与汇通路之间，东临保华街，西与泰安里相通	1937年前	2016年开始腾退改造	腾退工作已完成，改造工作进行中
2	大智街道	先锋	泰安里	南京路与汇通路之间			
3	大智街道	先锋	山川里	位于崇善路与江汉二路交会处	20世纪30年代初	2022年开始老旧房屋维修改造	住宅
4	大智街道	先锋	宁波里	位于中山大道中西侧，江汉路与保成路之间	1919年前后	2022年开始老旧房屋维修改造	维修改造进行中
5	大智街道	先锋	义成总里	宁波里旁边，保成路转向江汉一路的里分	1912年	2022年开始老旧房屋维修改造	住宅
6	大智街道	先锋	慎源里	位于汉口保成路与南京路之间，东通中山大道，南出保成路。	20世纪30年代	2022年开始老旧房屋维修改造	住宅
7	大智街道	先锋	先锋村（先锋里）	崇善路、黄石路与江汉二路交会处西北侧	1958年	2022年开始老旧房屋维修改造	住宅
8	大智街道	先锋	厚福里	江岸区中山大道保成路口西侧，东口临中山大道，别无出口。	20世纪20年代初	2022年开始老旧房屋维修改造	住宅
9	大智街道	先锋	吉星里	江岸区中山大道中段西侧，保成路与南京路之间	20世纪30年代	2022年开始老旧房屋维修改造	住宅
10	大智街道	先锋	义成东里	位于南京路和保成路之间，江汉一路西侧	1912年	2022年开始老旧房屋维修改造	住宅
11	大智街道	保成	福忠里	位于汉口南京路与汇通路之间，南起南京路106—116号（双号），南京路118号单栋，北至汇通路5—15号（单号），东临江汉二路137号—155号（单号），西抵吉庆街76—100号（双号）。巷内福忠里1—13号（单号），福忠里2—12号（双号），福忠里21—29号（单号），福忠里22号、24号。	20世纪20年代初	2022年开始老旧房屋维修改造	住宅及商铺
12	大智街道	保成	二德里	位于江岸区中山大道中段以西，西北连吉庆街，南邻退思里，东与福忠里隔街相望，分为1—13号。	1923年之后	2022年开始老旧房屋维修改造	住宅及商铺
13	大智街道	保成	金业里（青云里、紫阳里）	位于江岸区中山大道中段西侧，南京路与吉庆街交会处西侧，东南出吉庆街，南口通大陆村，北口临南京路，分为1—13号。	20世纪30年代初	2022年开始老旧房屋维修改造	住宅及商铺

续表

序号	所属街道	所属社区	里分名称	地点	建成年份修建时间	腾退、改造、修缮等情况	建筑现状
14	大智街道	保成	鼎新里	位于江岸区保成路与吉庆街交会处北侧，分为1—6号。	1937年前	2022年开始老旧房屋维修改造	住宅及商铺
15	大智街道	保成	榆荫里	江岸区汇通路与崇善路交会处西南角，西北邻铭新街，东口出汇通路，分为1—7号。	民国初年	2022年开始老旧房屋维修改造	住宅及商铺
16	大智街道	保成	退思里	位于南京路与吉庆街交会处北侧，分为1—6号。	民国初年	2022年开始老旧房屋维修改造	住宅及商铺
17	大智街道	保成	裕润里	位于江岸区铭新街与南京路交汇处东侧，退思里北侧。分为1—5号。	20世纪20年代初	2016年进行了D级危房的救助腾退改造工作	"办公楼、住宅及商铺改造工作已完成，还剩余裕润里5—10号1栋7层房屋"
18	大智街道	保成	大陆村	分为西南至东北走向，西南口通保成路，向东北连通金业里。	20世纪20年代初	2022年开始老旧房屋维修改造	住宅及商铺
19	大智街道	泰宁	大吉里	江岸区铭新街大吉里1—3号	1930年	2022年开始老旧房屋维修改造	住宅
20	大智街道	泰宁	月德里	江岸区铭新街月德里1—3号	1930年	2022年开始老旧房屋维修改造	住宅
21	大智街道	泰宁	德安总里	江岸区保成路德安总里1—15号	1927年	2022年开始老旧房屋维修改造	住宅
22	大智街道	泰宁	汇通南里	汇通南里1—8号	1975年	无	住宅
23	大智街道	泰宁	泰宁里	泰宁里1—23号，泰宁街1—11号，江汉路172—198号，京汉街1—9号	1930—1950年	2022年开始老旧房屋维修改造	住宅
24	大智街道	泰宁	慈德里	江岸区慈德里1—25号单号、2—16双号	1927年	2022年开始老旧房屋维修改造	住宅
25	大智街道	泰宁	福新里	福新里1—12号	1927年	无	住宅
26	大智街道	泰宁	泥工巷	泥工巷1—3号	1970年	2022年开始老旧房屋维修改造	住宅
27	大智街道	泰宁	义祥里	汇通路45号	1920—1995年	1993年开始拆迁改造	住宅
28	一元街道	三阳	延庆里	胜利街287号（胜利街与二曜小路）	1933年	腾退、改造	
29	一元街道	三阳	庆祥里	中山大道与二曜路	1919年	腾退、改造	
30	一元街道	三阳	广兴里	中山大道1268附1号（中山大道与二曜小路）	民国时期	腾退、改造	
31	一元街道	三阳	同德里	胜利街275号（中山大道与二曜路）	1910年	腾退、改造	
32	一元街道	三阳	坤厚里	胜利街259号	1912年	腾退、改造	

序号	所属街道	所属社区	里分名称	地点	建成年份修建时间	腾退、改造、修缮等情况	建筑现状
33	一元街道	三阳	首善里	蔡锷路 15 号	1919 年	正常使用	
34	一元街道	三阳	滨江里	蔡锷路	1917 年	正常使用	
35	一元街道	岳飞	黄陂一里	黎黄陂路西段北侧	1910 年	正常使用	
36	一元街道	岳飞	黄陂二里	黎黄陂路西段	1934 年	正常使用	
37	一元街道	岳飞	伟英里	中山大道南侧，黄兴路与车站路之间	1911 年	正常使用	
38	一元街道	岳飞	胜德里	岳飞街 12 号（车站路和黄兴路之间）	1900 年	正常使用	
39	一元街道	岳飞	首安里	车站路与岳飞街交叉口	1900 年	腾退	
40	一元街道	岳飞	忠义村	岳飞社区北部	1920 年	腾退	
41	一元街道	同兴	同兴里	胜利街 146 号	1928 年	正常使用	
42	一元街道	同兴	泰兴里	胜利街 160 号	1907 年	正常使用	
43	一元街道	洞庭	黎黄陂路、珞珈山街建筑群	珞珈山街 1—58 号	1900 年	正常使用	
44	一元街道	洞庭	巴公房子	鄱阳街 86 号	1910 年	腾退	
45	一元街道	天津	鄱阳村	鄱阳街 79 号与 81 号之间	1948 年	腾退	
46	一元街道	天津	义品里	中山大道 1012 号—1030 号与二十中之间	1928 年	部分空置、部分有人居住	
47	一元街道	天津	诚昌里	诚昌里 1—4 号	1901 年	正常使用	
48	一元街道	天津	兰陵村	兰陵村 1—5 号、7—16 号、20 号	1930 年	正常使用	
	一元街道	天津	兰陵村	兰陵村 6 号	1930 年		
	一元街道	天津	兰陵村	兰陵村 19 号	1930 年		
49	一元街道	同福	洞庭村	洞庭村 1—28 号	1931 年	正常使用	
50	一元街道	同福	江汉村	江汉村 1—26 号	1936 年	正常使用	
51	一元街道	扬子	大陆坊	中山大道南京路口	1934 年	正常使用	
52	一元街道	扬子	汉润里	中山大道汉润里 1—35 号	1937 年前	腾退	
53	一元街道	扬子	鼎馀里	胜利街鼎余里 1—9 号	民国初年	正常使用	
54	一元街道	扬子	上海村	江汉路 60 号	1923 年	正常使用	
55	一元街道	扬子	中孚里	中山大道南京路西南侧	1917 年	正常使用	
56	一元街道	扬子	咸安坊	鄱阳街 19 号（南京路、胜利街、鄱阳街围合处）	1933 年	已改造	
57	一元街道	扬子	汉安村	中山大道北京路段	民国初年	已腾退	
58	车站街道	辅堂	新成里	新成里 1—43 号，友益街 81—125 号	1924 年		砖木
59	车站街道	辅堂	辅堂里	辅堂里片（包括车站路 73—145 号）	1905 年		砖木

序号	所属街道	所属社区	里分名称	地点	建成年份修建时间	腾退、改造、修缮等情况	建筑现状
60	车站街道	辅堂	长安里	长安里1—39号	1917—1996年	长安里1—13号砖木	长安里14—39号是砖混。其中，长安里1—12号为1917年建成，其他号段为后期改造而成。
61	车站街道	辅堂	璐安里	潞安里1号、2号 友益街127—135号（单号）	1927年		砖木
62	车站街道	长安	永庆里	永庆里	1927年		年久失修，不适合居住
63	车站街道	长安	昌年里	昌年里	1927年		年久失修，不适合居住
64	车站街道	长安	海寿里	海寿里	1927年		年久失修，不适合居住
65	车站街道	长安	三阳里	三阳里	1927年		年久失修，不适合居住
66	车站街道	长安	永平里	永平里	1937年		年久失修，不适合居住
67	车站街道	三德	平安里	友益街和黄兴路交会处	1927—1990年	正在修缮	年久失修，不适合居住
		三德	新华里、黄兴路	黄兴路		正在修缮	年久失修，不适合居住
68	车站街道	三德	华新里	中山大道	1920年		年久失修，不适合居住
69	车站街道	三德	汉成里	中山大道	1920年		年久失修，不适合居住
70	车站街道	三德	辅仁里	中山大道	1930—1950年		年久失修，不适合居住
71	车站街道	三德	三德里	中山大道	1901年	腾退区域	年久失修，不适合居住

（数据截止2023年5月31日，里分所属街道提供信息）

附表 7　　　　**江岸区汉口历史风貌区签约项目**

（数据截止时间：2023 年 5 月 31 日）

序号	项目名称	签约主体（洽谈主体）	项目简介	投资金额（亿元）	项目状态	签约时间
1	汉口文创谷 E 区项目	杭州多牛投资管理有限公司	杭州多牛资本与区国资公司成立合资公司（武汉平和仓企业管理咨询有限公司），从事汉口文创谷项目的投资改造及运营管理	10	已注册	2017/4/14
2	飞马旅 5i 天使街区项目	上海东方飞马企业服务有限公司	上海东方飞马企业服务公司与区国资公司成立合资公司，从事汉口文创谷项目的投资改造及运营管理	10	已注册	2017/4/14
3	北京中新文创文化资本平台及产业基金项目	北京中新文创投资有限公司	中新文创投资有限公司拟与江岸区国资公司成立文创谷运营公司，总投资 2 亿元用于国有资产的改造升级，并引入文化资本平台与产业基金项	2	已注册	2018/1/25
4	长江左岸设计大厦项目	武汉民营投资有限公司	武汉民营投资有限公司拟选址江岸区沿江地块建设长江左岸设计大厦，投资规模约 150 亿元，项目建设周期 6 年。	150	已注册	2018/10/23
5	远东新地艳阳天城市综合体项目	北京远东新地置业有限公司	北京远东新地置业拟在江岸设立武汉设计之心建设发展有限公司，拟投资约 33 亿元打造艳阳天地块项目城市综合体	45	已开工	2019/11/1
6	吴家花园历史文化民宿项目	武汉博语文化传媒有限公司	博语文化拟在江岸区资 500 万元对市级优秀历史建筑吴家花园进行改造升级，打造集文化创新、圈层社交、艺术交流、沉浸式居住体验为一体的会所级民宿	0.05	已开工	2021/6/26
7	潮流盒子·武汉 X118	上海锐力健身装备有限公司	上海锐力健身装备有限公司拟投资人民币 3 亿元，在江岸区建设锐力潮流时尚中心项目，项目总面积约 30000 平方米，规划为全球最大的潮流运动时尚中心，计划引进运动、潮牌、时尚、网红、地域文化类品牌，同时会引进城市首店、华中区首店级别类店铺提升江汉路商圈品牌级数及品牌形象	3	已开工	2021/10/22

续表

序号	项目名称	签约主体 （洽谈主体）	项目简介	投资金额 （亿元）	项目状态	签约时间
8	三德里历史风貌商业街区项目	武汉金旅建设投资（集团）有限公司	武汉市旅体集团拟投资62.8亿元，计划在三德里片打造"武汉数字文化名片"。通过对老里分的定向修缮改造重构线下主场，引进多家数字产业小总部及二次元时代个性化消费空间，打造数字科技、音乐创意和消费升级示范区，建成创新人才聚集的数字文化聚合高地和沉浸式商业消费空间，聚合打造城市商业与微旅游目的地，焕新老武汉活力圈	62.8	已注册	2022/4/27
9	武汉华发外滩荟咸安坊综合商业体项目	武汉华发长盛房地产开发有限公司	武汉华发长盛房地产开发有限公司拟投资40.11亿元，选址江岸区历史风貌区建设华发外滩荟咸安坊综合商业体项目。该项地块总占地面积约1.2万平方米，总建面约2.4万方，部分为咸安坊旧址修缮，新添部分商业建筑。经过修缮改造后的咸安坊，将在保留武汉经典里分原汁原味的基础上，引入潮流商业元素音乐酒吧、LIVEHOUSE、沉浸式娱乐等多元艺术文化板块，同时入驻健身中心、生活体验馆、品牌博物馆等高端服务商	40.11	已注册	2023/4/24
10	武汉漯河晟邦美食街项目	漯河晟邦红色物业有限公司	河南省漯河晟邦红色物业有限公司拟投资1亿元人民币，选址江岸区钻石大厦老旧房屋，设立"烟火巷美食街"项目，以"美食＋娱乐＋文旅＋社交"等多种业态为组合，致力于打造最具特色的中国式必吃榜餐饮商业空间	1	已注册	2023/5/30

（数据截止时间：2023 年 5 月 31 日）

后记
AFTERWORD

以史为鉴，温故知新。人类文明的绵延赓续，从来离不开我们从哪里出发。

《大江金岸：汉口历史风貌区图志》是《江岸文史》2022—2023年总第24辑，本次编写较系统、全面地介绍了江岸辖区内的历史建筑。

太音希声，历经时间洗礼，这些宝贵的建筑，已经融入我们的生活，是江岸之根之源。本次编撰在中共江岸区委、区政府的坚强领导下，在区政协委员和广大读者的关心帮助下，几易其稿，终于正式与大家见面了。编者在征集史料、调研走访、征求意见、编辑成稿的过程中，得到了"人文武汉"平台、"汉口街区"社团一批热爱家乡并宣传武汉的史志专家的鼎力相助，得到了武汉文旅集团、区委宣传部、区国资公司、区房管局、区商务局、区文体旅游局、区建设局、区档案局、区服务三峡办以及一元、大智、球场、四唯、永清、丹水池等街道办事处的大力支持，更得到了长江日报社各位老师的精心编纂，在此向他们表示衷心的感谢和敬意！

寻江岸城市之根、探江岸历史之实、绘江岸人文之韵，是社会各界热爱江岸文史的人们的热切期盼。但由于时间跨度大、社会变革快、收集整理力度不够等，汉口历史档案资料收集不完整，编撰中有缺失，有遗憾……真诚地期待区政协委员、政协文史工作者能在此基础上去粗存精，对本书进行完善，让江岸汉口历史风貌区建设的画卷更加真实、完整、生动地呈现。希望各位读者一如既往地关心支持《江岸文史》的编辑发行工作，敬请将你们亲历、亲见、亲闻的资料提供给我们，通过江岸政协线上书屋"江岸文史"平台上传江岸历史记忆、时代记录，让江岸的历史得以记载和保存；诚恳欢迎各位读者对《江岸文史》的内容、体例等不吝提供宝贵意见和建议，使我们不断提高文史稿编辑工作的质量和水平，更好地发挥文史资料"存史、资政、团结、育人"的作用。

鉴于编者学识有限，书中存在遗漏和错讹在所难免，恳请各位读者予以批评指正！

编者